The
INNOVATION
MANUAL

이노베이션 **매뉴얼**

The INNOVATION MANUAL

이노베이션 매뉴얼

폴 슬로언 지음
심태호·구세희 옮김

펜하우스

이노베이션 매뉴얼

2009년 6월 10일 초판 1쇄 인쇄
2009년 6월 15일 초판 1쇄 발행

지은이 | 폴 슬로언
옮긴이 | 심태호, 구세희
펴낸이 | 이헌상
편 집 | 바른기획
마케팅 | 함송이
디자인 | 배성기

펴낸곳 | 펜하우스
주 소 | 서울시 마포구 공덕동 463번지 현대하이엘 1728호
전 화 | 02-6353-2353(편집) / 02-753-2700(판매)
등 록 | 2007년 3월 15일 제22-3098호

정 가 | 15,000원
ISBN | 978-89-961249-7-9 03320

추천의 글

"혁신 전략의 목적과 실행 방법을 안내하는 로드맵이다."

김혁수, 한국야쿠르트 부사장

오늘날 기업이 시장에서 가질 수 있는 가장 강력한 경쟁력은 창의력이다. 핵심 기술은 머지않아 경쟁사에서 확보되기 마련이고, 시장은 곧 레드 오션으로 접어드는 수순을 밟는다. 때문에 경영자는 늘 새로운 것을 추구하여 끊임없이 밀려오는 자기 정체의 벽을 허물고, 시장에서 선도적인 위치를 유지해 나가야 한다.

이 책은 경영자가 가져야 할 창의적인 혁신 전략의 '목적'과 집단의 모순을 스스로 진단하고 개혁할 수 있는 '방법'을 동시에 제공해 준다는 점에서 하나의 잘 짜여진 지도와 같다. 저자는 경험을 근간으로 한 풍부한 사례들을 제공함으로써 혁신의 달인들이 가진 통찰력을 부여하고 있다. 특히 창의성과 혁신의 바탕에 '유대감'이라는 요소를 강조하며, 기업 문화의 질적 향상을 위해 경영자와 회사 간의 호흡을 강조한 측면은 분명 주목할 만하다.

"지금까지의 변화 관리 메시지와 차별화 된 책이다."

최형근, (주)태평양 전략경영실장 전무

혁신은 정체를 극복하는 유일한 열쇠다. 기업의 규모가 커질수록 변화의 속도는 느려지고, 변화를 주도하지 못하는 기업은 경쟁에서 도태된다. 그러나 경영자들은 규모의 비효율을 극복하는 데 많은 어려움을 느끼고, 나아가 구체적인 실행 방안을 수립하는 데 익숙하지 않다. 게다가 변화와 혁신에 대한 의지는 있으나 세부 실행 과제를 도출해 낼 수 있는 방법론이 정립되지 않은 상태에서 막연히 변화만을 강조하는 것은 오히려 기업 활동에 치명적인 손상을 가져올 수 있다.

이러한 상황에서 저자는 풍부한 혁신 사례를 바탕으로 혁신 방법론과 로드맵을 제공해 준다는 점에서 지금까지의 그 어떤 변화 관리 메시지와도 차별화 된 포인트를 갖는다. 기업의 창의성과 혁신에 대한 중요성을 추상적으로 제공하는 수준을 넘어, 경영자에게 부여되는 행동 과제를 프로세스에 따라 구체적으로 지시하여, 정체된 현 실태를 진단하고 이를 개혁하는 전사 차원의 혁신을 도출해 내는 데 가장 유용한 가이드북이 될 것이다.

"가치 혁신의 프로세스를 매뉴얼 형태로 제시한다."

김명곤, CJ그룹 경영혁신팀장 상무

현대 기업의 가장 큰 경쟁자는 기업 내부에 있다. 상당수 기업은 선도업체의 기술력을 벤치마킹하고 시장 점유율을 늘리기 위해 많은 노력을 쏟고 있다. 하지만 이는 곧 한정된 시장 내에서 출혈 경쟁을 조장하는 경우에 그치곤 한다. 결국 성공하는 기업으로 거듭나기 위해서는 경영자가 외부의 경쟁자만이 아닌 내부의 문제점을 파악할 수 있는 진단 역량을 증진시키고, 그와 동시에 감성의 향기가 물씬 풍기는 기업 문화를 조성하여 전 임직원이 열정적으로 기업의 변화와 혁신을 위한 끊임없는 도전을 이끌어 내야 한다.

그러나 현실적으로 대부분의 경영자들은 이 두 가지 중요한 핵심 역량을 구현할 수 있는 경험이 부족하다. 이 책의 저자 폴 슬로언은 글로벌 기업들에서 얻은 다양한 노하우를 사례들과 접목시켜, 경영자가 당장 실행에 옮길 수 있는 진단 방법과 기업 문화의 감성을 자극할 수 있는 프로세스를 체계적으로 짜여진 흐름에 따라 매뉴얼 형태로 제공한다. 글로벌 기업으로 성장하고, 나아가 국부 창출에 기여할 수 있는 전사적 가치 혁신 시스템을 확립할 수 있도록 기업인들의 일독을 권한다.

"지금까지 볼 수 없었던 최고의 경영 혁신 바이블이다."

김성회, 동부CNI 인력개발팀 상무

불확실성이 날로 고조되는 글로벌 무한 경쟁의 기업 환경 속에서 살아남을 수 있는 길은 끊임없이 스스로를 진단하고 문제를 해결해 나가는 자기 혁신의 과정 속에 있다. 초일류 글로벌 기업들의 CEO들은 강력한 혁신 조직을 구성하고, 수시로 글로벌 최고 전문가의 자문을 받으며, 새로운 가치 창출에 박차를 가하고 있다.

하지만 안타깝게도 과감한 혁신 전략을 추진하는 대다수의 기업들은 가시적 성과를 내지 못한 채 경쟁에서 도태되고 있다. 이는 CEO나 경영진들이 치밀한 내부 진단과 사업 전망에 대한 예측을 바탕으로 신속하게 혁신을 추진해야 함에도 경영 혁신의 본질을 모른 채, 단순히 조급한 마음으로 국내외의 성공 사례를 그대로 답습하고 있기 때문이다.

이 책의 저자 폴 슬로언은 성공 사례와 혁신의 중요성을 설파하는 것에 그치지 않는다. 그는 서로 다른 문화와 특성을 지닌 각각의 기업에 경쟁사를 이길 수 있는 비전과 그러한 비전을 달성할 수 있는 전략 목표 수립의 틀을 구체적으로 제시한다. 이 책은 지금까지의 그 어떤 변화 관리 책과 달리 CEO나 경영자로 하여금 경영 능력을 배가시키는 동시에 전략 목표를 설정할 수 있도록 도와주고, 구체적으로 실행해 나아갈 수 있는 최고의 경영 혁신 바이블이다.

"초경쟁 환경을 극복하는 혁신 매뉴얼이다."

신동엽, 연세대학교 경영대학 교수

창조적 혁신이 개인과 기업은 물론 국가 경쟁력을 좌우하는 글로벌 초경쟁 환경의 심화를 고려할 때, 이 책의 번역 출간은 매우 시의적절하다. 지난 10여 년간 수많은 경영학자들과 경영 서적, 잡지, 언론에서 21세기는 창조와 혁신의 시대라는 것을 강조해 왔다. 하지만 대부분의 사람들은 '왜 혁신이 중요한가?'에 대해서는 구체적인 이해가 부족한 것 같다. 20세기에 비해 기업 경쟁력에 혁신이 더 중요해진 것일까? 만일 그렇다면, 그 이유는 무엇일까? 이처럼 보다 근본적인 질문들에 대한 탐구는 창조적 혁신에 나서야 할 리더들에게 반드시 필요하다. 특히 혁신 리더의 역할과 행동 전략을 설명하는 이 책을 읽기 위해서는 더욱 더 그렇다.

급격한 환경 변화와 글로벌 위기

최근 우리는 지난 100여 년에 걸친 현대 기업사에서 일찍이 보지 못했던 현상들을 목격하고 있다. 영원히 무너지지 않을 것처럼 보였던 자동차 왕국 GM이 파산보호를 신청했다. 그 밖에도 씨티Citi, 메릴린치Merrill Lynch, 시어스Sears 와 같은 전설적인 강자들의 실패 사례는 끝이 없다. 우리나라 기업들 역시 IMF 관리 체제와 구조조정 과정에서 '대마불사의 신화'로 통하던 30대 재벌 그룹 중 16개가 사라지고 말았다.

이런 일이 생기는 원인은 환경의 본질이 근본적으로 바뀌면, 성과를 창출했던 과거의 경영 방식이 더 이상 쓸모없게 되어 아무리 노력해도 생존이 불가능하게 되기 때문이다. 실제로 1990년대 중반부터 '신경제', '지식경제', '무한 경쟁' 등과 같은 개념이 경영 환경의 급진적 대변동을 지칭하는 명칭으로 등장했다.

하지만 그 가운데 21세기 기업 환경의 핵심을 가장 잘 표현하는 개념은 바로 '초경쟁 환경(Hyper-competition)'이다. '초경쟁 환경'이라는 표현은 단순히 경쟁이 심해졌다는 뜻이 아니라, 20세기 '대량 생산-대량 소비' 중심의 산업 사회를 지배했던 기준이 비정상적으로 보일 만큼 경쟁의 본질 자체가 근본적으로 바뀌었다는 것을 의미한다. 즉 과거 환경에서 높은 성과를 창출하는 기반이 됐던 지식, 역량, 노하우 등의 상당 부분이 더 이상 통하지 않게 된 것이다.

21세기는 글로벌 초경쟁 환경과 혁신 경쟁의 시대

1990년대 중반을 전후하여 발생한 경계 파괴와 세계화, 상시 기술 혁신, 디지털 지식 경제가 결합되어 도래한 21세기 글로벌 초경쟁 환경은 '무경계성', '급변성', '불확실성'이라는 세 가지 중요한 특징을 갖는다.

첫째, 초경쟁 환경은 국가와 지역, 시장 간의 모든 경계가 없어지는 무경계 환경이다. 경계가 사라지면서 생각조차 못했던 기업들이 경계 너머에서부터 기존의 선도 기업을 치명적으로 위협한다. 동시에 경계가 사라진다는 것은 자신이 다른 영역으로 나아가는 것도 쉬워졌다는 것을 의미한다. 한 마디로 지금까지 생각하지 못했던 어마어마한 기회를 제공하는 것이다.

둘째, 초경쟁 환경은 끊임없이 급변하는 환경이다. 과거 20세기의 대량 생산 시스템 하에서는 신중한 의사 결정과 리스크 관리가 중요했다. 하지만 어지러울 정도로 급변하는 초경쟁 환경에 대응하려면 의사 결정과 행동의 속도가 가장 중요하다.

셋째, 초경쟁 환경은 한치 앞을 예측할 수 없을 정도의 불확실성이 존재한다. 과거에는 10년, 20년 후를 예측하는 것이 가능했지만, 이제는 전문가들조차 10년을 예측하기 어렵다. 결국 환경의 불확실성은 계획을 기반으로 하는 경영이 불가능하게 되었다는 것을 의미한다.

초경쟁 환경의 세 가지 특징은 우리가 지난 100년간 의지해 왔던 기업 경영의 지식과 노하우를 뿌리째 뒤흔들었다. 따라서 기존의 사업 분야나 상품 자원에 집중하는 방어적인 경영이 아니라 이전까지 존재하지 않았던 새로운 경쟁 우위를 지속적으로 창출하는 혁신 경영이 필요하다. 또한 초경쟁 환경에서는 기회가 일시적으로만 존재하므로, 단순히 새로운 경쟁 우위를 창출하는 것만으로는 부족하다. 경쟁 우위를 남보다 조금이라도 빨리 창출하는 속도 경쟁도 반드시 필요하다. 다시 말해서 '혁신'과 '속도 경쟁'이 초경쟁의 핵심 원리이며, 우리는 그것을 '창조 경영'이라고 부른다.

혁신과 속도, 창조가 새로운 게임의 룰인 21세기 초경쟁 환경은 무시무시한 위기와 무한한 기회가 공존하는 모순의 시대다. GM과 같은 거대 강자들이 무너지는가 하면 구글Google과 같은 신흥 기업이 급속히 성장하기도 하는데, 이것이 바로 초경쟁 환경의 특징이다. 따라서 21세기 초경쟁 환경에서는 창조적 혁신 역량을 기반으로 신속하게 실행하는 기업은 단숨에 세계 정상에 오를 수 있다. 반대로 혁신 역량이 낮거나 그것을 신속하게 실행하지 못하는 기업은 제아무리 강자라도 하루아침에 몰락하게 될 것이다.

혁신의 리더십과 이 책의 중요성

역동성과 위험성이 높아진 21세기 초경쟁 환경에서 모든 기업들의 성과와 생존은 혁신 역량에 의해 좌우된다. 따라서 리더들의 혁신 리더십은 기업의 경쟁력과 운명을 결정하는 핵심 요소가 되었다. 그러나 창의적 혁신의 중요성이 반복적으로 강조되어 왔음에도 불구하고, 구체적으로 혁신의 과정을 어떻게 이끌어 나가야 하는지에 대한 혁신 리더십의 노하우나 지침은 거의 제시되지 않았다. 이런 관점에서 이 책은 우리나라 기업들이 21세기 글로벌 초경쟁 환경에서 혁신적인 성과를 창출하는 데 중요한 지침이 될 것으로 확신한다.

이 책에는 기업의 혁신 과정을 수행하는 리더들에게 필요한 혁신 리더십의 모든 요소들이 빠짐없이 수록되어 있다. 혁신 리더십의 출발점인 혁신 비전의 제시와 동기 부여, 혁신 대상 문제의 분석틀, 그리고 문제의 혁신적 해결을 위한 아이디어 창출의 구체적 프로세스와 기법들을 통해서 혁신 리더들이 나아가야 할 방향을 제시한다.

또한 창출된 혁신 아이디어들을 실행에 옮기기 위한 리더의 역할은 무엇인지, 그리고 이러한 혁신 과정이 일회성 이벤트로 끝나지 않고 지속적인 문화로 자리 잡도록 만드는 데 필요한 창의적 조직 문화 구축 방안을 제시한다. 더 나아가 모든 창의적 혁신의 원천인 리더 개인의 창의성 개발과 활용 방안까지 다루고 있다는 점에서 혁신 리더들을 위한 매뉴얼이라고 해도 손색이 없다.

이렇게 볼 때, 이 책은 기업의 혁신 창출과 실행, 그리고 혁신의 역량과 기반 구축 등 혁신을 지향하는 리더가 수행해야 할 모든 역할들을 균형 있고 폭넓게 다루고 있는 귀중한 혁신 지침서이다. 아울러 이 책이 21세기의 창조적 혁신 경쟁에 필요한 최고 수준의 혁신 리더십을 제공하는 데 부족함이 없다고 확신한다.

Contents

3부 아이디어를 생산하라

Contents ::

옮긴이의 글

차세대 혁신 리더십에 대한 실행 지침서

국내외 선도 기업들의 경쟁력 속에는 늘 '창조적인 리더십'과 '실행 중심의 조직 문화'라는 비결이 자리하고 있다. 그리고 그 속에는 끊임없는 '혁신'과 '변화'가 공존한다. 지금은 유례가 없는 경제 위기이고 많은 사람들이 장기 불황을 경고하고 있다. 이러한 위기의 순간에도 '변화'를 추구할 수 있는 근본적인 힘은 조직을 이끌어 가는 주체인 리더들에게 있다. 일류가 되겠다는 강한 의욕과 지속적으로 새로운 가치를 창출하기 위한 리더들의 혁신 노력이 바로 변화의 성공 비결이다. 이러한 리더십은 어느 한 순간에 만들어지거나 변화될 수 있는 요소가 절대 아니다. 꾸준히 고민하고 실행하면서 과정과 결과에 대한 지속적인 개선과 반복 속에서 그 열매를 맺을 수 있다.

이 책 〈이노베이션 매뉴얼〉은 '혁신'과 '리더십'에 관한 책이다. 최근 대다수 기업들이 추구하는 성공적인 문화는 바로 이러한 혁신에 기초한 리더십에 의해 구체적으로 실행될 때 비로소 가능하다. 이러한 혁신 리더십과 전사적인 실행 역량은 기업의 목표와 가치를 구성원 가슴속 깊이 내면화하여 자발적으로 실천해 나가는 힘을 발휘하고, 나아가 변화를 추진하는 기폭제로 작용할 수 있다.

오늘날 창조적인 혁신 리더십이 경쟁력의 가장 중요한 요인이라는 사실에 이견을 제기할 사람은 없다. 구성원들의 열정을 촉발시켜 기업 고유의 가치에 결집시키는 혁신 중심의 리더십과 기업 문화가 바로 경쟁력의 핵심이라는 것은 이제 일반적인 인식이 되었다.

오히려 수많은 성공 사례들이 소개되면서 이러한 혁신 중심의 리더십과 조직 문화 구축은 이제 기업들이 필수적으로 갖추어야 할 요소로 인식되었다. 그에 따라 많은 기업들이 자사 고유의 경쟁력 있는 혁신 문화 구축을 위해 지속적으로 노력을 기울이고 있다.

반면 결과로서의 혁신 리더십 성공 사례는 많이 공유되어 왔지만, 실제로 그러한 성공을 가능하게 했던 중요하면서도 상세한 가이드라인은 부족했던 것이 사실이다. 더불어 리더십과 문화라는 것이 현장에서 현실적으로 고민하고 체감하고 실행하기에는 늘 구름처럼 멀리 떠다니는 대상이었던 것도 사실이다.

이 책의 가치는 여기에 있다. 즉 그동안 수없이 논의되어 오던 혁신과 리더십에 대해 가장 현실적이고 구체적인 가이드라인을 제공해 주고 있기 때문이다. 아울러 현장에서 즉각적으로 활용할 수 있는 생생한 사례는 더없이 값진 선물이라고 생각한다. 또한 이 책은 '혁신 리더십'을 연구하는 학생에서부터 팀의 문화를 바꾸려는 팀장, 회사의 전반적인 문화 개선을 고민하고 있는 경영자에게까지 폭넓게 읽힐 수 있는 실용서로 부족함이 없다. 특히 혁신 전략을 체계적으로 실행시키고자 하는 변화 관리 실무자들에게는 실질적인 가이드라인을 제공한다는 점에서 매우 유용할 것이다.

심태호 A.T. Kearney 파트너

프롤로그

　혁신의 필요성은 누구나 잘 이해하고 있다. 이제 조직의 미래를 위해 리더들이 창의력과 혁신의 중요성을 강조하는 것은 지극히 당연한 일로 받아들여지고 있다. 같은 일을 조금 더 효율적으로, 혹은 조금 더 합리적으로 처리하는 것만으로 성공할 수 있다고 믿었던 리더들도 그러한 사고방식만으로는 살아남는 것조차 힘들다는 사실을 받아들이고 있다. 똑같은 일만 되풀이하다 보면 자신도 모르는 사이에 경쟁자들이 나타나 온갖 창의적인 방법으로 고객을 빼앗고 회사를 집어삼킬 것이다. 심지어 공공 부문에서도 더 많은 돈을 투자한다고 해서 문제점이 해결되지 않는다는 사실을 잘 알고 있다. 다양한 수요가 너무 빨리 성장하고 있기 때문에, 과거에 그랬듯이 같은 방식에 노력을 조금 더 들이는 것으로는 원하는 결과를 얻을 수 없다. 일하는 방식에서 새로운 방법을 찾아야만 한다. 지금은 새로운 상품과 서비스 그리고 다른 업무 방식과 파트너십이 필요한 때다.

　이러한 사실을 깨닫고 나면 수많은 질문들에 직면하게 된다. 혁신 리더란 어떤 사람인가? 리더가 할 수 있는 일은 무엇인가? 어떻게 하면 자리만 차지하고 앉아 있는 사람들을 혁신의 전도사로 탈바꿈시킬 수 있는가? 혁신의 동력이 되는 새로운 아이디어는 어디에서 나오는가? 어떻게 해야 현실에 안주하는 조직을 창의와 성취의 발전소로 바꿀 수 있는가? 현재의 모델을 운영하기도 바쁜데 새로운 일에 도전할 시간과 자원은 대체 어디에서 얻을 것인가? 모험을 꺼리는 기업 문화를 극복하려면 어떻게 해야 하는가? 느긋하고 변화에 둔감한 기업 문화를 헝그리 정신의 과감한 기업 문화로 바꾸려면 어떻게 해야 하는가?

이 책은 위에 나열한 문제에 해답을 제시하기 위해 쓰였다. 그것도 이론적인 틀이 아니라 즉시 실행에 옮길 수 있는 실용적인 테크닉과 방법의 형태로 말이다. 따라서 이 책은 자신과 자신이 속해 있는 팀을 창의와 혁신의 지휘자로 변신시키고 싶어 하는 사람들에게 유익한 도구가 되어 줄 것이다. 또한 이 책에는 조직을 변화시키고 싶은 리더와 혁신을 책임지고 있는 관리자, 그리고 스스로 창의력을 높이고 싶어 하는 개인을 위한 조언이 들어 있다.

이 책에는 전 세계의 비즈니스 리더들과 함께 혁신 워크숍을 진행하면서 얻은 경험과 교훈이 그대로 반영되어 있다. 게다가 바쁜 시간에 짬을 내어 한 번에 소화하기 적당한 분량으로 구성되었기 때문에, 각자의 분야에서 혁명을 일으키고 싶어 하는 바쁜 리더와 관리자들에게 적합할 것이다. 물론 쉬운 일은 아니다. 하지만 도움이 필요할 때는 언제든지 이 책을 참고하라. 조금씩 읽어 내려가면서 당신과 팀에 혁명을 시작해 보자.

폴 슬로언

The INNOVATION MANUAL

1부

혁신을 주도하라

The
INNOVATION
MANUAL

01
변화를 향한 비전이
혁신의 출발점이다

팀원들에게 나아갈 방향을 제시하지도 않고 혁신을 일으키기만 바랄 수는 없다. 혁신에는 목표가 있어야 한다. 항로를 정하고 미래를 준비하는 것은 리더의 책임이다. 조직이 나아갈 방향은 흔히 핵심 목표나 비전 혹은 사명이라 불리며, 보통은 개략적인 표현으로 작성된다. 목표나 비전, 사명은 서로 조금씩 다르지만 공통점도 있다. 각 조직은 셋 중에서 어느 것을 사용하든 구성원들이 쉽게 이해하고 기억할 수 있어야 하며, 나아갈 방향을 분명하게 정의해 놓은 포괄적인 선언을 마련해야 한다.

GE의 전 CEO 잭 웰치Jack Welch는 "훌륭한 리더는 비전을 창조하고, 명료하게 표현하며, 자신의 것으로 삼아 끊임없는 노력으로 완성한다."라고 이야기한 바 있다.

목표나 비전을 담은 선언문이 장황하거나 상투적이며, 고무적이지 못한 경우가 많다. 하지만 여기 혁신에 성공한 기업과 조직의 선언문을 사례로 소개한다.

레고Lego – 우리 안의 어린이를 기른다.

디즈니Disney – 상상력을 이용해 수백만의 사람들에게 행복을 선사한다.

머크Merck: 독일 제약 회사 – 인류의 삶을 보존하고 개선한다.

테스코Tesco: 영국 유통 회사 – 고객의 평생 충성을 얻을 가치를 창조한다.

영국 내무부 – 안전하고 공정하며 관용을 베푸는 사회

3M – 세계에서 가장 혁신적인 기업

WPP(영국 홍보 회사) – 재능을 개발하고 관리한다. 고객을 위해 세계 곳
    곳에서 재능을 발휘한다. 파트너십을 이용한다. 수익을 위해 일한다.

글락소스미스클라인GSK – 인류가 보다 왕성하게 활동하고, 보다 행복하
    고, 건강하게 장수할 수 있도록 삶의 질을 향상시킨다.

리더로서 당신은 팀원들이 행복에 겨워 현실에 안주하기를 바라
서는 안 된다. 당신에게는 열정적이고 활력이 넘치며, 새로운 길을
가고 싶어 하고, 도전을 받아들일 준비가 된 사람들이 필요하다. 당
신의 역할은 그들에게 목적지를 알려 주고, 조직의 목표가 바람직하
며 달성할 가치가 있는 것이라고 믿게 만드는 것이다. 그런 다음 어
떻게 하면 목적지에 도달할 수 있는지를 팀원들에게 물어보자. 일단
팀원들의 동기를 이끌어 낼 수 있는 고무적인 비전을 확립해 놓아야
한다. 그래야만 팀원들이 그곳에 도달하기 위해 창의력과 혁신성을
발휘할 수 있도록 독려할 수 있다.

비전이나 사명은 전략적 계획과 목표를 향한 출발점이다. 핵심 성
과 측정 지표를 이용하면, 비전을 바탕으로 설정된 목표를 달성하기
위해 계획한 대로 일이 진행되고 있는지를 알 수 있다. 수립한 비전

을 향해 노력하는 데는 언제나 변화가 뒤따른다. 변화란 현재의 위치에서 더 나은 미래로 가는 과정이다. 변화에는 위험이 따르지만, 리더는 가만히 멈춰 있는 것이 훨씬 더 위험하다는 사실을 팀원들에게 납득시켜야 한다. 미래에 대한 비전과 변화하고자 하는 욕구가 없는 조직은 결국 도태되어 사라지고 말 것이다.

청사진을 보여주는 것만으로는 부족하다. 끊임없이 강조하지 않으면 그것은 곧 기억에서 사라진다. 위대한 리더는 팀원들과 오랜 시간을 보낸다. 그리고 비전과 목표, 과정에 따르는 도전을 직접 행동으로 보여준다. 또한 비전을 달성하고 도전에 맞설 때 팀원들의 역할이 얼마나 중요한지를 설명해 준다. 그들은 팀원들이 성공으로 향하는 혁신의 길을 찾는 열정적인 실행자가 되도록 영감을 불러일으킨다.

02
혁신 선언문을
만들어라

수많은 CEO와 리더들이 조직 내부 혁신의 중요성에 대해 이야기한다. 하지만 그러한 이야기들이 단조롭거나 막연하여 일상적인 관리 차원에서 늘 하는 말처럼 들릴 때가 많다. 만약 팀원들이 진정으로 그 말에 확신과 믿음을 갖기를 바란다면, 혁신 선언문을 만들어 말하고 싶은 내용과 핵심을 정확하게 전달하라.

혁신 선언이란 혁신에 대한 의지와 의욕의 표명이다. 선언문을 작성할 때는 다음과 같은 사항이 포함되어야 한다.

- ◈ 지금 조직에 혁신이 반드시 필요한 이유
- ◈ 혁신이 필요한 핵심 분야 : 신상품이나 서비스 출시, 새로운 시장 진입, 기존 프로세스의 변경, 새로운 원료 공급처 발굴, 원가 절감, 고용, 동기 부여, 전략적 제휴 등
- ◈ 새로운 아이디어의 필요성과 제안
- ◈ 모든 아이디어를 경청하고 고려하겠다는 다짐
- ◈ 창의력과 아이디어 개발, 혁신에 필요한 자원, 특히 시간·교육·자본을

필요에 따라 분배하겠다는 의지

❯ 아이디어 관리와 평가 절차

❯ 조직 외부를 포함해 관련된 모든 분야에서 아이디어를 찾고자 하는 의지

❯ 위험 부담이나 실패를 긍정적으로 받아들이는 태도, 특히 혁신적 노력을 기울이는 팀원은 결과가 실패로 돌아가더라도 책임을 묻지 않겠다는 메시지

혁신 선언문은 변화를 추구하겠다는 일종의 서약서다. 따라서 그것은 비전과 문화, 혁신의 절차를 뒷받침해야 하며, 모든 팀원들이 볼 수 있어야 한다. 또한 신입사원 교육에 포함시키는 것은 물론, 사내 인트라넷에도 게시한다. 마지막으로 혁신은 경영 전략에 단골 메뉴처럼 등장했다가 소리 소문 없이 머물다 사라지는 유행이 아니다. 혁신은 조직 DNA의 일부라는 사실을 팀원 모두에게 상기시킬 수 있는 강력한 수단이 되어야 한다.

03 급진적인 목표를 세워라

대부분의 비즈니스 리더들이 매년 안정적이며 점진적인 성장 목표를 세운다. 스스로 달성할 수 있으리라 자신하는 수준에 목표를 맞추는 것이다. 그래야 목표가 달성되었을 때 모두가 칭찬을 들을 수 있는 것 아닌가. 시장 추세에 맞춰 총매출 5% 성장과 순수익 6% 성장 등 이런 것들이 리더들이 일반적으로 세우는 목표다. 그리고 이 정도에 만족하며 기뻐할 경영자나 임원들도 수두룩하다.

하지만 이런 접근법에는 두 가지 문제가 있다. 첫째는 그것이 소폭의 성장에만 만족하는 점진주의를 부추긴다는 점이다. 5% 성장을 달성하는 가장 쉬운 방법은 기존 제품이나 서비스 생산을 대폭 늘리는 것이다. 생산라인을 추가하는 방법도 있다. 그리고 순수익을 추가로 짜내는 가장 쉬운 방법은 기존 모델의 효율을 높이거나 공급업체를 압박하는 것이다. 이러한 접근법을 추구한다면, 보다 더 좋은 기회를 찾아보거나 완전히 새로운 수입원을 모색하는 일, 그리고 새로운 사업 모델을 생각해 보는 일 따위는 하지 않아도 무방하다.

둘째는 기업이 마치 아이들처럼 남이 정해 준 기대치에 순응하려고 한다는 점이다. 만약 5% 성장 목표 달성이 양호한 결과이고 7% 달성이 최대 목표치라고 본다면, 그 조직에서 7% 이상 성장이 가능하다고 생각하는 사람은 거의 없을 것이다. 부모가 신뢰하지 않으면 역량이 늘지 않는 아이들처럼 기업에 몸담고 있는 구성원들도 하나의 집단으로서 일정한 수준을 정해 놓고 그것에 맞추려고 한다.

놀라운 성과를 실현하는 기업들은 그야말로 달성할 수 없는 것처럼 보이는 놀라운 목표를 정한다. 비슷비슷한 그룹에서 탈피하려고 시도하는 조직은 스스로 더 큰 힘을 끌어내려 애쓴다. GE 캐피탈^{GE Capital}에서 목표 설정에 관해 다음과 같은 견해를 내놓은 적이 있다.

"우리는 매년 매출 성장 목표를 20% 혹은 그 이상으로 잡는다. 일반적으로 사람들은 말도 안 되는 목표가 주어지면 지금까지와는 다른 여러 가지 가능성을 생각하는 법이다. 만약 한 사람의 목표가 10% 성장이고 다른 사람의 목표가 20% 성장이라면, 두 번째 사람은 완전히 새로운 일들을 시도하게 될 것이다."

급진적인 목표는 혁신 선언과 목표의 중요성을 팀원들에게 보다 더 강력하게 각인시킨다. 만약 시장 내의 다른 기업이 하고 있는 일을 따라하는 것만으로 충분치 않다는 사실을 깨닫는다면, 구성원들은 혁신의 필요성에 대해 반응을 보이기 시작할 것이다. 무난한 기대치를 세우면 사람들도 무난하게 생각하고 행동한다. 급진적인 목표야말로 팀원들이 혁신적으로 생각하고 기업가처럼 움직이게 하는 원동력이다.

04 | 변화의 두려움에 맞서라

사람은 본능적으로 변화를 달가워하지 않는다. 미지의 세상을 두려워하거나 새로운 도전과 모험을 꺼리기도 한다. 안정적인 성장을 지속하고 있는 기업들이 특히 그렇다. 성공이 때로는 혁신을 가로막는 가장 큰 적이 되는 것이다. 왜 잘 나가고 있는 현재의 사업 모델을 굳이 바꾸려고 하겠는가? 위험을 감수하고 새로운 시도를 한다고 해서 큰 혜택이 보장되는 것도 아닌데 말이다. 하지만 아무리 큰 성공을 거둔 기업이라고 해도 가만히 멈춰 서 있기만 한다면, 큰 위험을 눈앞에 두고 있는 것과 같다. 폴라로이드Polaroid 사는 당시 그 분야에서 최고였지만, 디지털 카메라의 등장이라는 강펀치를 맞고 법정관리에 들어갔다. 스미스 코로나Smith Corona 사는 타자기를 생산해 엄청난 성공을 누렸지만, 워드프로세서 시대가 도래하면서 사업의 종말이라는 비극을 맞았다.

변화에 대한 두려움을 극복하는 것이야 말로 이노베이티브 리더들이 갖추어야 할 핵심 목표다. 또한 이노베이티브 리더는 그러한 문제를 정면으로 돌파할 필요가 있다. 사람들을 혁신에 관한 대화로 끌어들여 예상되는 위험 요소에 관해 논의하고, 가만히 멈춰 서 있는 것과 변화하는 것에 어떤 차이와 이점이 있는가에 대해 이야기를 나누자. 이때 반드시 전달해야 하는 메시지는 다음과 같다.

- ❯ 지금도 잘하고 있지만 더 나아져야 한다.
- ❯ 현 상태에 안주하려는 유혹과 싸워야 한다.
- ❯ 고객에게 즐거움을 안겨줄 수 있는 새로운 방법을 찾지 못하면 경쟁자들이 선수 칠 것이다.
- ❯ 물론 혁신에는 위험이 따르지만, 가만히 멈춰 있으면 더 큰 위험이 따른다.
- ❯ 변화를 원하는 방향으로 이끌 수 있다면, 매우 긍정적인 요소로 작용할 수 있다.

여기 팀원들의 마음과 정신을 사로잡을 수 있는 몇 가지 도구가 있다.

- ❯ 현재 잘 하고 있는 일에만 초점을 맞추다가 새로운 흐름을 놓친 기업의 실패 사례
- ❯ 더 혁신적인 경쟁자들에게 고객을 빼앗긴 사례
- ❯ 새로운 것을 시도하여 성공한 기업의 사례
- ❯ 결과의 성공 여부에 관계없이 위험을 감수하고 솔선수범하여 변화를 주도하는 데 주도적인 역할을 한 사람들에 대한 칭찬과 보상

이와 같은 메시지를 전달하는 것 외에도 끊임없이 대화를 유도하여 팀원들의 관심사를 경청하고, 그들이 자유롭게 의견을 제시할 수 있는 환경을 만들어야 한다. 매사에 부정적인 사람이 있다면, 현재 상황을 어떻게 개선할 수 있는지 의견을 구함으로써 그들의 태도를 변화시킬 수 있다. 일단 어떻게 해야 변화를 시도할 수 있고, 어떻게 하면 혁신을 거대한 성공으로 바꿀 수 있는 훌륭한 아이디어가 나올 수 있는지를 그들에게 물어보자.

이노베이티브 리더는 끊임없이 변화의 필요성을 역설하고 전파한다. 이들은 현실 안주의 포만감을 '야망'이라는 배고픔으로 바꾸는 사람들이다. '지금 잘 하고 있어. 하지만 지금의 성공에 만족해 주저앉을 수는 없어. 더 잘 해내야만 해!' 이것이 그들의 생각이다. 그들은 새로운 시도가 위험하다는 것을 알고 있지만, 가만히 서 있는 상태로 머무는 것이 더 위험하다고 말한다. 그러고 나서 마지막으로 구미가 당길 만한 멋진 미래를 청사진으로 만들어 위험도 감수할 가치가 있다는 사실을 알린다.

성공에는 위험한 도전과 모험, 그리고 수많은 기회가 따른다. 우리가 그곳에 도달할 수 있는 유일한 길은 변화를 받아들이는 것뿐이다.

05 | 이야기를 들려주어라

팀원들이 당신과 함께 새로운 도전에 참여하기를 바란다면, 스프레드시트와 파워포인트 자료에만 의존해서는 안 된다. 논리뿐만 아니라 감정적인 반응도 불러일으켜야 하기 때문이다. 사람은 보통 그래프나 도표, 각종 수치가 가득한 자료보다 교훈이 담긴 이야기에 더 흥미를 느끼고 감흥을 받는다. 그러므로 팀원들의 두뇌뿐만 아니라 감성에도 호소해야만 한다.

그렇다면 어떤 이야기를 들려주어야 할까? 그것은 상황에 따라 다르다. 회사의 역사는 현재 회사에서 중시하는 기본 가치를 알려준다. 리더 자신에 관한 이야기나 새로운 것을 배운 경험, 일하면서 저지른 실수에 관한 리더의 가치와 신념을 이해할 수 있게 해준다. 위험을 각오하고 새로운 것을 시도한 팀원들에 관한 이야기는 영감과 동기를 불러일으킨다. 다른 기업의 성공과 실패담은 현실 안주의 위험과 변화의 이점을 보여줄 수 있다. 이야기를 할 때는 관련된 사람들에 대해 자세히 설명함으로써, 듣는 이로 하여금 등장인물을 가깝게 여기고 그들의 감정과 동기를 이해할 수 있도록 해야 한다.

2001년에 앤 멀케이Anne Mulcahy가 제록스Xerox의 회장으로 취임할 당시 제록스는 심각한 위기에 처해 있었다. 그때 멀케이 회장이 뛰어난 능력으로 상황을 반전시켰고 수익과 주가를 급속도로 올려놓았다. 미국의 경영 월간지 〈패스트 컴퍼니Fast Company〉 2005년 3월호에 실린 인터뷰에서 멀케이 회장은 다음과 같이 말했다.

"이야기를 들려주는 것이 매우 중요해요. 타운 미팅(주로 중간 관리자를 배제하고 CEO와 실무자가 함께하는 회의)을 할 때면, 과연 이 위기를 극복할 수 있을지 걱정하기보다는 위기를 딛고 일어섰을 때 우리가 어떤 모습일지 그려보는 일이 훨씬 잦았어요. 우리는 〈월스트리트저널〉 같은 형식으로 5년 후 날짜의 기사를 하나 썼어요. 이 시기를 무사히 넘기면 어떤 위치에 있을 것인지를 상상해서 작성해 보는 기사였죠. 모두들 그 기사를 너무 좋아했어요. 어디를 가든 사람들이 그 기사를 꺼내 내게 보여주었죠. 그리고 많은 사람들이 그 기사를 자신에 맞게 고쳐 썼어요. 직급별로 자기들만의 이야기가 있었죠. 자신이 회사를 되살리는 데 어떤 도움을 주었는지 앞 다투어 이야기를 꺼냈어요. 모두 각자의 이야기를 갖게 된 것이지요. 그것이 강력한 원동력을 만들어 냈어요. 누구든지 회사를 위해 훌륭한 일을 해낼 수 있다는 자신감 같은 것 말이죠. 때로는 그런 것들이 빈틈없이 수립된 경영 전략보다 훨씬 더 큰 힘을 발휘한답니다."

때는 12월이었다. 복사와 각종 문서 서비스를 제공하는 주요 체인 중 하나인 킨코스Kinko's에서 근무하던 한 담당자가 복사기와 씨름하고 있는 고객을 발견했다. 크리스마스 시즌인 12월에는 복사기를 이용하는 고객이 많지 않다. 팀원은 고객에게 다가가 어떤 문제가 있는지를 물었다. "가족사진이든 달력을 만들고 있어요. 선물하려고요." 이것이 고객의 대답이었다. 그 팀원은 이것이 히트 상품으로 만들 수 있는 좋은 기회라 생각했고, 즉시 킨코스의 창립자이자 CEO인 폴 오팔리아Paul Orfalea에게 전화를 걸어 새로운 아이디어를 설명했다. 오팔리아 회장 역시 그 아이디어가 매우 획기적이라 생각했고, 즉시 전 매장에서 이 서비스를 시작하도록 지시했다. 킨코스의 새로운 서비스는 큰 성공을 거두었고, 덕분에 맞춤형 달력이라는 상품과 새로운 수입원이 창출되었다.

이 이야기에는 조직 내의 권한 위임과 의사소통, 그리고 관리자들이 보지 못하는 것을 실무 담당자들은 얼마나 잘 파악할 수 있는가를 보여주는 가치 있는 교훈이 담겨 있다.

비즈니스 관련 서적이나 잡지 등을 읽을 때 팀원들에게 전달하고자 하는 메시지가 담겨 있는 이야기가 있는지 눈여겨 살펴보라. 조직 내에서 다른 사람들을 만나면 지금 당신이 직면하고 있는 문제를 규명하고 극복하는 데 도움이 될 경험담이 있는지 물어보라. 사람들에게 메시지를 전달할 때 이러한 일화를 이용하라. 그것은 파워포인트 자료가 머릿속에서 다 없어진 후에도 오랫동안 기억에 남아있을 것이다.

06 | 혁신을 위한 목표를 세워라

대부분의 조직은 생존과 성공에 있어 혁신이 필수적이라는 사실을 잘 알고 있다. 하지만 혁신 목표나 성과 측정 지표를 어떻게 세워야 하는지를 아는 사람은 거의 없다. 가장 일반적으로 쓰이는 지표가 신상품에서 비롯한 수익이 전체 수익에서 차지하는 비중이다. 이를 통해 신상품 개발에 투입된 노력이 성공적이었는지를 가늠해 볼 수 있다. 이것은 매우 유용하지만 사후에야 측정이 가능하다는 단점이 있다. 그래서 장래의 수익을 위해 현재 어떻게 준비하고, 어느 정도로 실행하고 있는지를 측정할 수 있는 미래 지향적인 지표도 필요하다.

루 거스너Lou Gerstner는 IBM을 위기에서 건져 올리기 위해 투입된 CEO였다. 그는 이렇게 말했다. "사람들은 상사가 기대하는 일을 하지 않습니다. 상사가 검사하는 일만 하지요." 그러므로 혁신을 추구한다면 적절한 목표를 세우고, 그에 역행하는 사람이 없는지 늘 확인해야 한다.

목표는 비전에서 나온다. 현재 우리의 위치와 향후 우리가 원하는 위치에는 늘 격차가 있다. 이러한 격차를 '도전'이라 부르고, 도전은 다시 최종 목표와 단기 목표, 성과 측정 지표로 나누어진다.

기업에서 내년도 목표를 설정할 때 사용 가능한 예를 몇 가지 들면 다음과 같다.

- ❥ 지난 2년간 개발한 신상품의 수익 비중을 30%로 높인다.
- ❥ 신상품 5개를 출시하고, 기존 상품 12개 품목에서 주요 성능 개선을 실시한다.
- ❥ 새로운 전략적 제휴 관계를 4건 이상 체결한다.
- ❥ 생산과 공급 방식에서 발전된 새로운 공정을 다섯 가지 만든다.
- ❥ 개발 중인 신상품이 4천만 달러 이상의 이익을 내도록 한다.
- ❥ 팀원 제안 프로그램을 통해 팀원 1인당 7개 이상의 아이디어를 실행에 옮긴다.
- ❥ 지리적으로 새로운 시장 세 곳에 진입한다.
- ❥ 이노베이티브 리더들이 모든 부서에서 적극적으로 활동하고, 그 성과를 측정하도록 한다.

보스턴 컨설팅 그룹Boston Consulting Group의 2006년도 보고서에 따르면 기업 임원들이 가장 중시하는 목표 달성 측정 지표 세 가지는 상품이나 서비스를 출시하는 데 걸리는 기간, 신제품 판매 결과, 그리고 혁신의 투자수익률ROI이다. 이것 외에 임원들이 추천한 다른 유용한 평가 지표는 다음과 같다.

- 혁신에 투자된 재정적 자원
- 혁신 프로젝트에 참여한 팀원 수
- 생산된 아이디어 수
- 현재 진행 중인 아이디어에서 비롯한 예상 회수 금액
- 하나의 공정 전체와 특정 단계의 주기
- 한 단계에서 다음 단계로 진행된 아이디어의 수
- 출시된 신상품이나 서비스의 수

완벽한 지표는 없다. 각자의 조직에 가장 유용하게 쓰일 지표를 몇 가지 선택해야 한다. 하지만 측정 지표가 너무 적으면 제대로 측정하기 어렵고, 반대로 너무 많으면 적용하기 힘들거나 쓸데없는 낭비가 발생한다. 따라서 기업에서 설정한 최종 목표에 부합하는 것을 골라 사용하고, 임원 회의에서 정기적으로 진행 사항을 확인하는 것이 무엇보다 중요하다.

07 부정적인
사람들을 없애라

현실에 안주하며 행복해하는 사람들은 회사에 필요치 않다. 이노베이티브 리더가 원하는 사람은 열정적인 팀원이다. 비전을 함께 나누고, 최종 목표 달성을 위해 지금보다 더 많은 노력을 기울여야 한다고 믿는 사람들이 필요하다. 또한 그러한 사람들의 열정과 믿음, 의욕이 이노베이티브 리더가 원하는 마음가짐이다. 이러한 것들이 건설적인 비판과 함께 어우러진다면 더욱 바람직하다. 혁신을 향한 여정에서 가장 이상적인 동반자는 리더만큼 목표 달성을 간절히 원하는 동시에 리더의 관점을 비판하고, 더 나은 길을 제시할 수 있는 사람이다.

하지만 대부분의 기업에는 열정적인 사람부터 이도저도 아닌 사람, 그리고 부정적이고 냉소적인 사람까지 다양한 팀원들이 있다. 리더라면 목표 달성을 위해 혁신의 여정이 꼭 필요하며, 힘들지만 이점도 많다는 것을 모든 사람들에게 납득시켜야 한다. 하지만 가능한 모든 노력을 기울인 후에도 태도를 바꾸지 못하는 사람들이 한두 명 남아 있다면, 그들의 태도가 나머지 팀원들에게 끼칠 악영향에 대해 심각하게 고려해 봐야 한다.

냉소적인 사람들은 마치 몸속에 퍼지는 독과 같다. 그리고 부정적인 사람들은 팀의 기반 자체를 흔들어 놓는다. 이럴 때는 그들의 업무 능력이 매우 뛰어나더라도 팀에서 제외시키는 것이 더 낫다. 공동의 목표를 지지할 수 없는 사람이라면 다른 목표를 추구하기 위해 회사를 떠나는 것이 여러 모로 좋다는 의미다.

그런데 대부분의 관리자들이 이러한 조치를 매우 힘들어한다. 관리자들은 인내심을 가지고 꾸준히 이야기를 나누다 보면 어떤 문제든 해결할 수 있다고 생각하는 것이다. 하지만 다양한 노력이 실패했다면, 힘들더라도 냉소적이고 부정적인 사람들을 회사에서 내보내야 한다. 이것이 그들이나 리더 자신을 위해 더 나은 일이다.

2005년 8월 글로벌 경제지 〈패스트 컴퍼니Fast Company〉에 실린 기사에서 마크 굴스턴Mark Goulston은 '유능한 리더란 신속하게 대처해 썩은 사과를 없애는 사람'이라고 했다. 함께 일하기 힘든 사람들 때문에 부정적인 상황이 반복되면, 성장 잠재력이 있는 기업도 쉽게 무너질 수 있다는 것이다. 또한 굴스턴은 팀원들을 '부정적인 사람', '함께 일하기 힘든 사람', '양호한 사람', '훌륭한 사람'의 네 종류로 구분해서 판단할 것을 제안하면서 이렇게 말했다.

"태도를 바꾸기 힘들거나 불가능한 사람들을 초기에 파악해 싹을 잘라라. 양호하거나 훌륭한 사람들은 인정하고 그들의 가치를 높게 평가하라. 그러면 오랫동안 그들과 함께할 수 있다."

08 | 도전할 대상을
부여하라

　팀원들이 혁신적인 행동을 시작하게 만드는 좋은 방법은 도전할 일을 주는 것이다. 특정한 목표를 주고 그것을 달성하는 데 필요한 아이디어를 내도록 한다. 그리고 "어떻게 하면 그것을 해낼 수 있을까?"라는 질문을 던진다. 어떻게 하면 고객 대응 시간을 반으로 줄일 수 있을까? 어떻게 하면 평균 주문량과 매출액을 두 배로 올릴 수 있을까? 어떻게 하면 고객을 기쁘게 할 수 있을까? 가능한 질문의 종류는 매우 다양하다. 이러한 질문에 대해 팀원들이 반응을 보이기 시작할 것이고, 대개의 경우 실무자들이 가장 좋은 아이디어를 이끌어 낸다.

　까다로운 문제가 생기면 리더가 곧바로 아이디어를 내놓거나 자신의 의견을 고집하기 쉽다. 그 대신 팀원들에게 아이디어를 제안하게 하는 것은 어떨까? 마감 시한을 주고 최고의 아이디어를 골라 리스트를 만들게 하고, 그 중 두세 가지는 아주 신선하고 창의적인 것을 포함시키도록 한다. 그런 다음 건설적인 방법으로 함께 의논한다. 팀원들이 제안한 아이디어가 리더의 생각과 같을 수도 있다. 하지만 이제 그것은 그들의 아이디어이므로 팀원들은 주인의식을 느낄 것이다. 또한 리더가 생각할 수 없는 놀라운 아이디어가 나올 수도 있다. 마지막으로, 그럴 리는 없겠지만 팀원들이 사용 불가능하거나 받아들일 수 없는 제안을 하더라도 곧바로 손을 내저어서는 안 된다. 충분히 시간을 두고 그 아이디어를 긍정적으로, 분석적으로 세밀하게 살펴봐야 한다. 팀원들이 내놓은 최고의 아이디어를 거부하려면 그에 합당한 이유가 있어야 한다. 그리고 그 이유는 명확해야 하며, 정치적이거나 솔직하지 못한 이유를 대서는 안 된다.

도전할 목표를 적절하게 제시한 예로 1961년 미국의 존 F. 케네디 대통령과 관련된 일화가 있다. 그는 국민이 지켜보는 공개 석상에서 "10년 내에 사람을 달로 보내고 무사히 귀환하게 만들겠다."라고 선언했다. 당시에는 어떻게 이것이 가능할지 아무도 상상하지 못했지만, 미국항공우주국NASA에서는 달 탐사 도전 과제를 받아들여 보란 듯이 성공시켰다. 그런데 얄궂게도 이후 10년 동안 나사는 추진력을 잃고 주춤하면서 이렇다 할 성과를 내지 못했다. 그것은 명확하게 제시된 도전 과제가 없었기 때문이었다.

09 이의를
제기하게 하라

혁신적인 조직에는 건설적인 비판이 가능하도록 분위기가 마련되어 있다. 그래서 누구든 어떤 일이든지 비판할 수 있다. 권위와 명령으로 사람을 통제하던 전통적인 리더상은 빠르게 움직이는 오늘날의 경영 환경에 맞지 않는다. 이러한 리더는 결단력 있고 역동적으로 보일지 모르지만, 가진 것을 포기하지 않으려 하고 변화를 겁내는 그들의 태도는 결국 팀원들의 동기 부여를 막고 사업의 성장을 방해할 것이다.

상대방을 존중하지 말라는 뜻이 아니다. 단지 맹목적인 복종을 피하라는 뜻이다. 오늘날의 리더들은 팀원들의 지위가 아니라 그들이 품은 가치를 존중할 줄 아는 방법을 배워야 한다. 누구든 지위에 상관없이 다른 이의 의견을 건설적으로 비판할 수 있어야 한다는 의미에서 맹목적인 복종은 지양해야 한다.

"혁신은 목적의식이 있는 성난 사람들로부터 나온다." 이 말은 세계적인 경영학자 톰 피터스Tom Peters가 한 말이다. 혁신적인 사람은 늘 변화에 목말라 있기 때문에 현재 상황에 만족하지 않는다. 이러한 이유로 성공적인 기업이 문제를 겪기도 한다. 성공에서 생기는 자연스러운 만족감이 현실 안주로 이어지고, 이것이 혁신을 저해하는 가장 큰 요소로 작용하기 때문이다. 이노베이티브 리더가 나서서 현재 상태에 대해 건전한 비판을 제기하도록 분위기를 조성해야 하는 이유가 여기에 있다. 회사가 안정적으로 성장하고 있다는 것을 주주들에게 자랑하는 것도 좋지만, '지금 잘하고 있지만 할 일은 더 많다. 현재의 승리에 만족해선 안 된다'와 같은 날카로운 메시지가 기업 내부에 퍼져야 한다.

2003년 하버드 경영대학원의 클레이튼 크리스텐슨Clayton Christensen 교수는 자신의 책에서 기업을 성공으로 이끈 특성이 오히려 시간이 흐르면 위험 부담이 큰 새로운 사업을 꺼리고, 기존의 상품을 개선하는 형태에 안주하게 만든다고 지적했다. 그러한 기업은 다가오는 새로운 흐름을 놓치는 것은 물론 신기술에 목숨을 내주게 된다. 폴라로이드가 디지털 카메라 기술에 당한 것이 단적인 예다.

1901년, 무선전신의 선구자인 구글리엘모 마르코니Guglielmo Marconi가 무선 신호를 대서양 너머로 보낼 수 있다는 자신의 주장을 입증하게 위해 영국에 갔다. 전문가들은 모두 그의 생각에 콧방귀를 뀌었다. 지구는 거대한 구球지만 무선파는 직선의 형태로 움직이지 않는가. 전문가들의 판단이 논리적으로 옳았지만 마르코니는 막무가내로 실험을 강행했다. 놀랍게도 그가 보낸 무선 신호는 대서양 건너편까지 도달했다. 당시 전문가들과 마르코니도 몰랐지만, 사실 지구에는 전리층이라 불리는 자기장이 있어서 무선 신호를 반사했던 것이다.

혁신을 추진하는 사람은 때로는 비이성적으로 보일만큼 자신의 꿈을 좇아 맹목적으로 움직인다. 그리고 전통적 상식에 대항하는 반항아적 기질이 있다. 바디샵Body Shop의 창립자 애니타 로딕Anita Roddick이나 봉지 없는 진공청소기를 만든 영국의 발명가 제임스 다이슨James Dyson, 버진Virgin 그룹 회장 리처드 브랜슨Richard Branson, 이지Easy 그룹의 창립자 스텔리오스Stelios 같은 사람들은 모두 고집불통에 이단아로 통했지만, 엄청난 성공을 거둠으로써 비전을 선도하는 사람들이 되었다.

혁신에 적극적인 사람들을 팀원으로 삼고 싶은가? 그렇다면 자신의 아이디어에 대해 의욕적이고, 윗사람을 맹목적으로 따르지 않으며, 현재 상황에 만족하지 않고 변화에 목말라하며, 자신 앞에 놓인 장애물을 걷어치우는 사람들을 찾아라. 이러한 특성을 가진 사람이라면 분명히 알아보기 쉬울 것이다.

10 | 불을 지르기도 하고 끄기도 하라

이노베이티브 리더는 이중적인 역할에 익숙하다. 예를 들면, 그들은 방화를 저지르는 동시에 소방관이 되어 불을 끄기도 한다. 그들은 회사 내의 조직 곳곳을 돌아다니며 사람들에게 불을 놓는다. 다시 말해 각 조직의 팀원들에게 도전할 목표를 던져 주는 것이다. 즉 그들은 도전적인 질문을 하면서 팀원들과 정면으로 맞선다. 다음과 같이 대답뿐만 아니라 즉각적인 행동이 필요한 질문 말이다.

- 시장에 진입할 수 있는 새로운 길을 찾을 수 있습니까?
- 고객 대응에 걸리는 시간을 반으로 줄일 수 있습니까?
- 어떻게 하면 중국 시장에 진입할 수 있습니까?
- 이 서비스를 제공하는 데 더 나은 방법을 찾을 수 있습니까?
- 더 가볍고, 저렴하고, 빠른 버전을 디자인할 수 있습니까?

이노베이티브 리더는 솔선수범하여 다양한 프로젝트를 시작하고, 일이 어떻게 진행되고 있는지 끊임없이 질문한다. 성공적이지 못한 프로젝트는 과감하게 중단한다. 만약 시제품이 고객의 마음을 얻지 못하거나 기술적으로 생산이 불가능한 경우, 그리고 생산은 가능하지만 원가가 너무 높아서 수익성이 낮을 경우에는 못내 아쉽더라도 하나의 교훈을 얻은 것으로 만족하고 다음 프로젝트를 향해 나아간다.

이노베이티브 리더는 지치지 않는 호기심으로 새로운 일을 시도한다. 그래서 어떤 사람들은 그러한 리더의 태도에 짜증을 내거나 이렇게 반문하기도 한다. "왜 팀장은 늘 새로운 것을 해보라고 하고는 일이 재미있어지면 멈추게 하는 거지?" 그것은 바로 끊임없이 다양한 것을 시도해야만 우리가 원하는 획기적인 일을 찾게 될 확률이 높아지기 때문이다. 아무리 흥미진진한 프로젝트라도 모두가 끝까지 진행되는 것은 아니다. 인생은 짧고 쓸 수 있는 자원은 한정되어 있지 않은가? 효용이나 가치가 낮은 프로젝트는 과감히 잘라버리고 성공 가능성이 가장 높은 쪽으로 자원을 돌리는 것이 중요하다.

이노베이티브 리더에게는 정신분열증 환자 같은 면이 있다고 할 수 있다. 그들은 성공을 축하하는 동시에 두려워하며, 차갑도록 분석적이지만 뜨겁게 열정적이기도 하다. 또한 그들의 관리 방식은 한순간 숨쉴 틈도 없이 조이다가 어느 순간에는 느슨하다. 그리고 어떤 때는 불을 지르지만 어떤 때는 불을 끈다.

11 | 벤처 투자자처럼 생각하라

혁신적인 기업은 벤처 투자자와 비슷한 방식으로 새로운 일에 접근한다. 벤처 투자자는 불을 지르기도 하고 끄기도 하는 사람의 전형적인 예라 할 수 있다. 그들은 다양한 분야의 신생 기업을 여럿 골라 포트폴리오를 만들고, 그 중 대부분이 실패할 것을 알면서도 투자한다. 몇 개 기업이 겨우 본전을 찾거나 한두 기업만 성공할 수도 있고, 어쩌면 모두 실패할 수도 있다. 하지만 한 기업에서 큰 성공을 거두면, 거기에서 돌아오는 수익이 다른 모든 실패의 손실 비용을 감당하고도 남는다.

벤처 투자자들은 투자의 전문가들이지만, 그들도 어느 기업이 성공하고 어느 기업이 실패할지는 모른다. 그래서 처음에는 자신이 선택한 기업 모두에 골고루 투자한다. 하지만 시간이 흐르면, 그들은 실패의 나락으로 떨어지고 있는 기업에 대한 투자는 접고 그것을 잘 나가는 기업으로 돌린다. 사업에서 시제품을 만드는 것도 마찬가지 이치다. 혁신을 추진하는 기업은 서로 다른 시제품을 운영하면서 그것이 어떤 반응을 얻는지 조심스레 관찰한다. 그러고 나서 실패한 것들은 과감히 쳐내고, 성공적인 시도에 더 많은 자원을 쏟아 붓는다. 이러한 기업은 가장 성공적인 제품을 앞세워 가장 먼저 시장에 진입할 수 있다.

벤처 투자자들은 투자에 성공해서 거둔 수익으로 실패에서 오는 손실을 메워 균형을 맞춘다. 그들은 자신이 투자한 사업 계획 중에서 상당수가 실패할 것이라는 사실을 잘 알고 있기 때문에, 실패하더라도 실망하지 않는다.

한편 벤처 투자자들은 자신이 다루는 엄청난 양의 정보와 자산에도 크게 어려움을 느끼지 않는다. 그들은 매년 수백에서 수천 개에 이르는 사업 제안을 받고 있으며, 그 중 상당수가 이미 다른 벤처 투자자들에게 거부당한 것일 수도 있다. 하지만 그것은 중요하지 않다. 벤처 투자자들은 오로지 자신만의 판단 기준을 적용하여 소수의 아이디어만을 골라 포트폴리오에 집어넣는다. 만약 투자한 기업이 목표를 달성하지 못하거나 고객의 반응을 얻지 못했을 때, 그리고 원하는 신기술이 나오지 않으면, 벤처 투자자는 아무 거리낌 없이 투자한 자금을 거둬들인다. 그들은 성공적인 사업에는 더 많은 자원을 투자하되 실패한 사업은 과감하게 버리는 것이다. 지금까지 손해본 것이 있더라도 일찍 손을 털 수만 있다면 곧바로 그렇게 한다.

하지만 기업 환경은 벤처 투자자들의 방식과 정반대다. 기업에서는 처음부터 소수의 아이디어만을 고려하고, 그 중에서 몇 가지를 골라 성공시키기 위해 모든 노력을 기울인다. 그렇기 때문에 무슨 일이 있어도 실패만은 막아야 한다. CEO가 좋아하는 프로젝트에는 자원과 노력이 더 많이 들어간다. 실패가 불 보듯 훤하다 해도 말이다. 감정과 자존심이 논리와 이성보다 앞서는 법 아닌가?

이노베이티브 리더가 되려면 벤처 투자자처럼 생각하라. 그리고 다음과 같은 점을 명심하라.

- ▶ 다다익선多多益善, 아이디어는 많으면 많을수록 좋다.
- ▶ 제안된 아이디어가 이전에 거부당한 적이 있어도 언제든지 그것을 다시 검토할 수 있어야 한다.
- ▶ 가능한 한 객관적인 기준을 적용하여 가장 유망한 아이디어를 선택해야 한다.
- ▶ 투자 수익을 고려할 때는 다양한 아이디어 포트폴리오 전체를 하나로 볼 수 있어야 한다.
- ▶ 급진적인 아이디어일수록 실패할 가능성이 더 높다는 것을 예상해야 한다.
- ▶ 성공할 수 있는 것에 자원을 집중하고, 실패한 것은 과감하게 투자를 중단해야 한다.

다음 번 임원 회의 때 벤처 투자자를 초빙하여 강연을 들어보는 것은 어떨까?

12 | 내부의 장벽을 무너뜨려라

규모가 큰 조직의 경우 혁신의 가장 큰 장애물은 내부의 의사소통이 막히는 것에서 나온다. 즉 조직의 규모가 커질수록 '밀폐된 사고'가 발동하여 각 부서는 정보나 아이디어를 공유하는 대신 서로에게 숨기려 한다는 것이다. 모두 열심히 일하지만 고립된 그룹으로서만 움직이는 것이다. 경쟁심과 텃세가 공동의 협력을 가로막고, 사내 정치는 문제를 더욱 복잡하게 만든다. 그러다 보면 외부의 경쟁자가 아닌 조직 내 다른 부서가 적이 되는 우스꽝스러운 단계에까지 이르게 된다. 리더는 내부의 울타리를 걷어 내고 사내 정치를 배제해야 하며, 팀원과 부서 간의 협력을 독려해야 한다. 때로는 급진적이거나 혁신적인 조치가 필요할 때도 있다.

노키아Nokia에는 누구든지 자리에서 '혼자 점심을 먹거나 외식하러 나가서는 안 된다'는 비공식적인 규정이 있다. 팀원들 모두가 구내식당에서 식사하면서 다른 부서원들과 어울릴 것을 권장한다. 그렇게 함으로써 부서 간의 회의를 진행할 때, 격의 없는 분위기에서 아이디어를 나누고 서로를 이해하는 데 도움이 된다는 것을 알고 있기 때문이다. 여기에 조직 내부의 커뮤니케이션을 방해하는 장벽을 무너뜨리는 몇 가지 아이디어를 제시한다.

- 모든 사람들의 목표와 업무를 사내 인트라넷에 올려 서로 어떤 일을 하는지 알게 한다.
- 다양한 프로젝트를 진행할 때는 CFT Cross-Functional Team를 조직한다. 필요에 따라 공식 혹은 비공식적으로 활용할 수 있으며, 여러 부서원들을 적절하게 구성함으로써 참여한 모든 부서의 기여도를 높일 수 있다.
- 스포츠, 퀴즈, 독서, 취미 클럽 등 다양한 사교 활동이나 클럽 활동을 조직한다.
- 혁신 콘테스트를 열어 CFT 간에 경쟁심을 자극한다.
- 이따금씩 사무실 배치를 조정하여 사람들이 책상을 옮기며 새로운 사람들과 가까이 앉을 수 있게 한다. 혹은 고정된 자리 없이 자유롭게 이동하며 일하게 할 수도 있다.
- 부서 간의 협력 혁신 인큐베이터를 조직한다.(4부에서 소개하는 '18. 혁신 인큐베이터를 운영하라'를 참조)

조직이 커지면서 부서들이 분리되는 것은 자연스러운 현상이지만, 그러한 과정에서 내부의 커뮤니케이션은 점점 더 어려워진다. 컴퓨터 제조 회사인 휴렛팩커드 HP에는 이런 말이 있다. "HP가 알고 있는 것을 HP 모두 알고 있다면 얼마나 좋을까!" 내부의 커뮤니케이션이 막히지 않게 하고, 부서 간에 서로 접촉하여 정보를 공유하게 만드는 것은 모든 리더의 의무다.

13 | 계층을 없애라

계층 사이의 장벽을 무너뜨리는 것보다 한 단계 앞서가는 기업들이 있다. 이러한 기업에서는 조직 내의 계층을 완전히 없애고 새로운 체제를 시도하고 있다.

전통적인 수직 구조는 혁신을 가로막는 강력한 방해물이다. 수직 구조는 맨 위에서 명령을 내리면 하부에 있는 사람들이 그것을 따르는, 즉 명령과 제어에 기반을 둔 리더십 형태다. 그렇다 보니 하부에 있는 사람들은 훌륭한 아이디어가 있어도 그것을 제안하고 주장하는 것에 어려움을 느낀다. 명령 체계를 거스르는 것이 건방지다고 생각할 수도 있기 때문이다. 대부분의 현대 기업은 열린 의사소통과 권한 부여로 이러한 문제를 극복하기 위해 노력한다. 하지만 조금 더 급진적인 대안이 있다면, 그것은 바로 계층을 모조리 없애는 것이다.

덴마크의 혁신 기업으로 알려진 보청기 제조업체 오티콘Oticon은 회사 내의 계층을 없애고, 일명 '스파게티 조직'을 만들어 기존의 기업 체계를 과감히 바꾸었다. 팀원들은 한 부서에 속하지 않고 프로젝트에 따라 이리저리 움직인다. 이러한 체제는 기존의 상식에서 볼 때 매우 혼란스럽지만, 오티콘은 10년 이상 이러한 방식을 실행하여 놀라운 성공을 이루어 냈다.

이러한 접근법의 또 다른 성공 사례는 세계적으로 유명한 고어텍스 옷감 제조사인 영국의 고어W.L Gore&Associates 사다. 이 기업은 2006년 〈선데이 타임즈The Sunday Times〉에서 실시한 '가장 근무하기 좋은 100대 기업' 조사에서 1위로 뽑혔고, 지난 3년 동안 연속으로 상위권에 오른 최초의 기업이기도 하다.

고어 사의 독특한 전략은 프로젝트의 성격에 따라 팀을 만드는 것은 물론, 팀원들이 스스로 리더를 뽑도록 한 것이었다. 딱딱한 직급 체계가 없으며, 모든 팀원은 동료들로부터 업무 평가를 받는다. 2006년 리빙스턴 공장의 리더 존 하우스고John Housego는 회사의 웹 사이트에 다음과 같은 글을 올렸다.

"우리 회사에서는 진정한 팀 플레이어가 무엇인지 금세 배울 수 있다. 소속감을 기르기 위해 노력한다고 공언하는 기업들이 많지만, 개인이 아니라 그가 속한 팀을 바탕으로 팀원의 기여도를 측정하는 고어 사를 따를 곳은 없다."

인터넷 커뮤니티에는 공동의 목표 아래 사람들이 모여 스스로를 관리하는 사례가 많다. 인터넷 백과사전인 위키피디아Wikipedia가 좋은 예다.

미래의 효율적인 조직 구조는 과거의 계층적 구조와 분명히 다를 것이다. 미래의 조직은 유연하고 융통성 있게 짜인 조직망과 같을 것이다. 사람들이 연합하여 하나의 과업을 완수하고, 그 일이 끝나면 다시 새로운 팀을 짜게 될 것이다. 예를 들면, 극단의 경우가 그렇다. 극단에서는 모든 사람들이 훌륭한 공연이라는 공동의 목표를 가진다. 각각의 개인은 배역을 맡아 창의적이며 놀라운 능력을 발휘해 자신의 역할을 완수한다. 그런 다음 새로운 목표, 즉 새 감독이 이끄는 새로운 연극을 시작한다. 그러면 배우와 스태프 모두에게는 기존의 연극과 다른 새로운 배역과 역할이 생긴다. 이전에 주연이었던 사람이 이번에는 조연을 맡을 수도 있다. 하지만 그들은 예전과 다름없이 관객에게 즐거움을 선사하기 위해 훌륭한 공연을 펼친다는 공동의 목표 아래 일한다.

14 | 최고의 인재를 뽑아 혁신에 임하라

많은 기업이 혁신 프로젝트의 실행을 하위 중역에게 맡기는 실수를 범한다. 물론 혁신할 수 있는 기회를 열정적이고 장래가 촉망되는 신규 임원에게 맡기는 것이 당연하게 보일 수도 있다. 하지만 혁신 프로젝트를 실행하는 과정에서 발생하는 모든 절차와 정치적 장애물을 이겨낼 수 있는 사람은 경험이 많은 중진 이상의 임원일 경우가 많다.

1999년 9월, IBM의 CEO 루 거스너 Louis V. Gerstner 는 보고서 한 귀퉁이에서 현재 분기에 발생한 각종 문제 때문에 유망한 신규 사업에 투입될 자원을 줄였다는 내용을 발견했다. 거스너는 화가 머리끝까지 솟아 얼마나 자주 이런 일이 일어났는지 알아내도록 했다. 그는 전략 담당 선임 부사장인 J 브루스 헤럴드에게 조사를 요청했고, 헤럴드는 최소한 스물두 건 이상 비슷한 일이 일어났다는 것을 밝혀냈다. IBM은 새로운 아이디어가 많았지만, 그것을 사업화하는 것에서 고전하고 있었다. IBM은 관계 데이터베이스나 라우터처럼 중요한 발명품을 상당수 개발했음에도 불구하고, 오라클 Oracle 이나 시스코

Cisco 같은 경쟁사에서 그 제품을 기반으로 사업을 확장해 나가는 것을 지켜봐야만 했던 것이다.

헤럴드가 원인을 조사해 본 결과, IBM의 조직은 결과가 단기적으로 나타나는 일은 반기는 반면, 오래 걸리거나 위험도가 높은 일에는 관리자의 관심이나 자원 투입을 꺼리는 것으로 나타났다. IBM의 리더들은 새로운 사업에 시간을 많이 들이지 않으며, 소위 '최고' 임원들을 그러한 일에 투입하지 않았던 것이다. 조사를 마친 후 헤럴드는 이렇게 말했다.

"우리는 신규 사업을 경험이 부족한 사람들에게 맡기고 있었습니다. 최고 인재들을 투입하지 않았던 것이죠."(〈패스트 컴퍼니〉 2005년 3월호)

거스너 회장과 헤럴드 부사장은 이러한 접근 방식을 180도 바꾸었다. 그들은 일부러 가장 경험이 많고 재능 있는 임원들을 신규 사업 팀EBOs, Emerging Business Opportunities에 넣었다. 이 임원들의 임무는 5년에서 7년 내에 10억 달러 이상의 이익을 낼 수 있는 새로운 사업 분야를 찾는 것이었다. 이 프로그램은 엄청난 성공을 거두었다. 2000년과 2005년 사이에 IBM은 모두 스물다섯 가지의 EBO를 시작했다. 그 중 세 가지를 중도에 그만두었지만 남은 스물두 가지는 매년 150억 달러 이상을 벌어들였으며, 연간 성장률도 40%가 넘었다. 여기서 수익보다 더 중요한 것은 바로 EBO가 IBM의 문화를 바꾸었다는 점이다. 헤럴드 부사장은 인터뷰 기사(〈패스트 컴퍼니〉 2005년 3월호)에서 이렇게 말했다.

"우리는 전보다 더 적극적으로 실험하고 실패를 받아들이며, 그것을 통해 새로운 것을 배우고 앞으로 나아갈 수 있게 되었습니다. 이제 EBO 팀의 리더는 IBM에서 누구나 탐내는 자리가 되었습니다."

IBM이 주는 교훈은 매우 명확하다. 혁신과 새로운 시도를 추구하는 문화로 바꾸고 싶다면, 가장 높은 자리에 있는 최고의 인재를 활용해야 한다는 것이다. 이러한 일을 지위가 낮은 팀원들에게 맡기고 최고의 결과가 나오기를 기대해서는 안 된다.

15 | 열정을 품어라

사람들은 열정이 없는 리더를 따르지 않는다. 누구나 비전이 있고 열정적인 리더를 따른다. 윈스턴 처칠이나 마틴 루터 킹, 넬슨 만델라 같은 사람들을 떠올려 보면 자신의 신념에 대한 열정이 바로 그들을 위대한 리더로 만든 특징이라는 것을 알 수 있다.

리더십 강좌에서 흔히 사용하는 훈련이 하나 있다. 보통 짝을 지어 하지만 혼자서도 할 수 있다. 제일 먼저 리더로서 자신이 이루고 싶은 가장 중요한 목표를 한 가지 고른다. 그 다음 그것을 따분하고 무덤덤하게, 전혀 열정 없이 팀원들에게 설명하는 모습을 상상한다. 어떤 일이 일어날까? 이번에는 같은 목표를 전달하되 열정과 에너지, 하고자 하는 마음가짐으로 설명하는 모습을 상상해 보자. 만약 우리 자신이 이렇게 상반된 리더의 두 가지 모습을 본다면 어떻게 반응하겠는가? 둘 중 어떤 모습이 우리의 행동을 바꾸고 놀라운 일을 해내며, 더 열정적으로 노력하게 만들 것인가?

"사람들은 당신의 주장보다 그 주장에 깃들인 신념과 확신에 더 쉽게 설득당한다는 사실을 잊지 마십시오." 영업 교육 전문가인 로

빈 필더Robin Fielder의 말이다.

미국의 경영학자 짐 콜린스Jim Collins의 말에 따르면, 좋은 기업을 넘어 위대한 기업으로 가는 기업은 "좋아요, 여러분. 우리가 하는 일에 열정을 가집시다!"라고 말하지 않는다. 그들은 반대로 "우리가 열정을 가질 수 있는 일을 합시다!"라고 말한다. 세계적인 제지회사 킴벌리 클라크Kimberley-Clark의 임원들은 기존의 목표를 대폭 수정하여 펄프 제품에 초점을 맞추었는데, 가장 큰 이유는 그들 자신이 그 일에 더 큰 열정을 느꼈기 때문이다.

변화시키고 싶은 대상이나 가장 중요한 과업에 집중하고, 그것을 완수하기 위해 열정을 품어라. 리더의 에너지와 추진력이 스스로 팀원들에게 나아갈 방향을 알려 주고 동기를 부여할 것이다.

현실에 만족하고 안주하려는 사람들은 아무리 많아도 소용없다. 이노베이티브 리더에게는 혁신의 전도사와 열정적인 지지자, 즉 목적지에 도달하는 것이 가치 있는 일이라는 사실을 믿고, 그것을 이루기 위해 노력하는 사람이 필요하다. 이러한 추진력과 열정은 리더로부터 시작한다. 사람들이 혁신적으로 업무 방식을 바꾸어 놀라운 결과를 이끌어 내기 바란다면, 리더가 먼저 열정적으로 신념을 믿고 전파하자.

2부

문제를 분석하라

The
INNOVATION
MANUAL

01

현재의 상황을 파악하고 진단하라

비전을 통해 방향을 정했다면, 긴 여정을 떠나기 전에 우리가 서있는 출발점을 미리 파악하는 것이 좋다. 그러므로 조직의 경쟁력과 혁신 역량을 솔직하고 정확하게 평가하는 단계가 필수적이다. 관리자라면 대부분 강점과 약점, 위기와 위협 요인을 평가하는 SWOT 분석에 대해 잘 알고 있다. 이러한 분석은 사실적 측면과 감정적 측면에서 모두 실시해야 하므로 고객 설문, 시장 점유율, 경향 분석 등에서 뽑아낸 수치 자료와 브랜드 이미지, 기술 개발의 방향, 시장 경향, 트렌드, 경쟁사의 문화나 의도 같은 주관적 자료를 함께 사용해야 한다.

혁신 진단을 통해 회사 내부에서 어떤 것이 잘 운영되고 있으며, 어떤 것이 혁신을 방해하고 있는지 살펴볼 수 있다. 혁신 진단을 할 때는 다음과 같은 분석적 질문을 이용한다.

❱ 지난해에는 어느 정도의 신상품과 서비스가 개발되었으며, 목표와의 차이는 얼마나 되는가?

❱ 하나의 아이디어가 승인을 받고 실행에 옮겨지기까지 어느 정도의 시

간이 걸리는가?

- 🔹 지난 2년간 개발된 상품과 서비스에서 발생한 수입이 총수입에서 차지하는 비중은 얼마나 되는가?
- 🔹 자사의 아이디어 생산 프로그램은 얼마나 효과적인가? 그리고 얼마나 많은 아이디어를 생산하고 있는가?
- 🔹 신상품 개발은 실질적인 수익을 거두고 있는가? 현재 개발 단계에 있는 상품들의 예상 가치는 얼마인가?
- 🔹 인력과 시간, 자본 면에서 어떤 자원이 혁신에 투입되고 있는가?

혁신 진단에는 수치 및 분석적 질문 외에도 팀원들의 정서나 사기와 관련된 질문도 포함되어야 한다. 다양한 부서와 직급에서 뽑은 사람들과 심층 면접을 진행하면, 조직의 문화에 대해 많은 사실을 알아낼 수 있다. 전형적인 질문은 다음과 같다.

- 🔹 팀원들이 새로운 아이디어를 시도하는 데 어느 정도의 권한이 있는가?
- 🔹 스스로 위험을 감수하고 새로운 일에 도전하는 사람들을 회사가 인정하고 보상하는가?
- 🔹 솔선하여 진행한 일이 실패했을 때, 회사가 그 사람을 비난하는가?
- 🔹 팀원들이 회사 규정이나 상사의 결정에 이의를 제기할 수 있는가?
- 🔹 우리는 현실에 안주하는가, 아니면 기업가 정신으로 새로운 시도를 하는가?
- 🔹 우리는 새로운 아이디어를 찾아 회사 외부로 눈을 돌리는가?
- 🔹 각 부서는 프로젝트를 수행할 때, 서로 터놓고 협력하는가?

◉ 아이디어를 실행에 옮기는 데 방해가 되는 요소는 무엇인가?

혁신 진단을 시행하는 과정에서 짚어 볼 또 다른 주요 사안은 아이디어 승인 절차다. 하나의 제안이 최종 승인을 받으려면 몇 번의 보고를 거쳐야 하는가? 얼마나 많은 사람들이 이 절차에 관여하고 있는가? 승인 절차의 이론상 흐름도와 실제 흐름도를 그려본 다음, 그것을 비교 확인해 보라. 승인 단계가 목적에 부합하는가? 작은 아이디어는 그냥 무시되는가, 아니면 그것도 주요 프로젝트와 같은 절차를 거치는가? 그 외에도 다양한 질문이 가능하다.

정확하고 공정한 진단은 조직 문화와 혁신 절차에서 개선이 필요한 핵심 분야를 규명할 수 있다. 이를 통해 짚고 넘어갈 문제점들의 우선순위를 정하라.

문제를 다시
분석하라

문제에 맞닥뜨리면 우리는 즉시 어떤 조치든 취해서 열심히 일하고 있는 것처럼 보이고 싶어 한다. 이것이 고압적인 관리자의 자연스러운 반응이다. 물론 즉각적인 조치가 필요한 경우도 있다. 만약 건물에 불이 났다면 대책을 협의하기 위해 회의를 소집하는 것은 아무 소용이 없을 것이다. 이때 리더는 결단력 있고 신속해야 한다. 하지만 문제가 매우 중요한 반면에 위급하지 않다면, 심사숙고한 후 접근해야 한다. 문제가 복잡할수록 관련된 요소가 많을 뿐만 아니라 잘못된 판단을 내릴 위험성도 높기 때문이다.

문제 분석에 사용되는 실용적이고 간단한 도구가 몇 가지 있는데, 여기에는 피쉬본 차트Fishbone Analysis, 왜, 왜? 분석법Why, Why?, 연꽃 분석법Lotus Blossom 등이 포함된다. 왜, 왜? 분석법은 70쪽(03. 끊임없이 '왜?'라고 물어라)에서 다룰 것이다. 각각의 분석 방법을 통해 최대한 많은 원인을 나열한 다음, 일종의 마인드맵을 이용해서 그림으로 나타내고 우선순위를 정한다. 그밖에도 그림을 이용하지 않는 접근법에는 육하원칙 분석이 있는데, 이것은 73쪽(04. 육하원칙을 이용하라)에서 다룰 것이다.

적절한 문제 분석 도구를 사용하면 다음과 같은 장점이 있다.

- 성급한 결론에 이르지 않도록 해준다.
- 문제의 원인을 바라보는 통념을 뒤집게 해준다.
- 팀원 모두가 근본적인 문제를 같은 시각으로 바라보고 이해할 수 있도록 도와준다.
- 어디부터 관심을 기울여야 하는지 우선순위를 정하도록 도와준다.
- 처리할 문제의 순서를 정할 수 있어서 문제 해결의 로드맵 역할을 한다.
- 근본 원인들 사이의 관계를 파악할 수 있도록 도와준다.
- 다양한 사람과 팀에서 각자 분석할 수 있기 때문에 신선한 관점을 제공한다.

03

끊임없이
'왜?' 라고 물어라

어린아이들은 보통 끊임없이 질문을 퍼붓는데, 거의 모든 질문이 "왜?"라는 말로 시작한다. 그리고 대답을 해주면 다시 "왜?"라고 묻는다. '왜, 왜?' 문제 분석 방식은 아이들의 그러한 질문 원칙에 기초하고 있다. 먼저 문제를 이야기하면 "왜?"라고 질문한다. "왜 이런 일이 일어났습니까?" 혹은 "왜 이것이 문제입니까?"와 같은 형식으로 질문하면 기본 답안을 이끌어낼 수 있다. 그렇게 해서 기본 답안이 나오면 다시 "왜?"라고 묻는다. 모든 원인에 대해 완벽한 그림이 그려질 때까지 이러한 과정을 반복한다.

예를 들어, 문제가 '브레인스토밍 회의 결과 미흡'이라면 최초의 '왜?' 도표는 72쪽의 [그림 1]과 같이 나올 것이다.

이러한 과정은 여러 단계로 확장될 수 있다. 예를 들어, "왜 비밀 보장이 되지 않았는가?" 혹은 "왜 위험을 꺼리는 문화가 생겼는가?"와 같은 질문을 던질 수 있다.

'왜, 왜?' 분석은 무척 단순하지만, 한 가지 문제의 가능한 모든 원인을 보여주는 아주 강력한 방법이다. 꽤 복잡한 문제를 해결할 때도 사용할 수 있다. 질문의 단계가 늘어날 테니 넓은 공간이 필요하겠지만 말이다.

팀원들을 여러 개의 작은 그룹으로 나누어 각각 '왜, 왜?' 분석을 실시하고, 그 결과를 비교해 보는 것도 좋다. 이렇게 하면 가끔 전혀 예상하지 못했던 접근 방법을 얻을 수도 있다.

모든 문제 분석 기술이 그렇듯이 분석의 목적은 문제를 해결하는 것이 아니라 해결책을 찾기 전에 근본 원인을 이해하는 것이다. 이를 통해 사람들은 문제의 전반적인 성향과 상호 연관된 원인을 파악할 수 있게 된다. 그러고 나면 먼저 어느 분야에 초점을 맞추어야 하는지를 알게 되고, 문제 해결을 위한 프로젝트 계획을 세울 수 있다.

[그림 1] '왜, 왜?' 도표

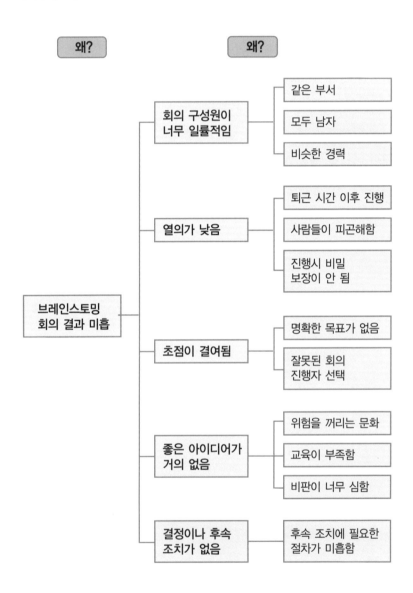

04 육하원칙을 이용하라

여섯 명의 충실한 하인, 즉 육하원칙은 훌륭한 질문 기술이다. 이러한 분석 방법을 이용하면 단순하고 정돈된 접근을 통해 열두 가지 관점에서 상황을 철저하게 따져볼 수 있다.

육하원칙은 영국의 작가이자 시인인 루디어드 키플링Rudyard Kipling의 시에서 나왔다.

나에게는 여섯 명의 충실한 하인이 있네
그들은 내가 아는 모든 것을 가르쳐 주었네
그들의 이름은 누가, 언제, 어디서, 어떻게, 무엇을, 왜라네

긍정과 부정, 두 가지 관점에서 위의 질문 용어를 사용하여 주제를 파고든다. 먼저 주제를 정의한 다음 플립 차트를 열두 장 준비한 다음 회의실 주변에 둥글게 배치한다. 각각의 종이에는 열두 가지 질문이 하나씩 적혀 있고, 팀원들은 그 질문에 해당하는 답변을 준비한다. 문제가 '혁신 개선'이라고 할 때, 다음과 같은 유형의 열두

가지 질문을 만들 수 있다.

- ❯ 누가 혁신적인가?
- ❯ 누가 혁신적이지 않은가? (혹은 누가 혁신을 방해하고 있는가?)
- ❯ 언제 혁신을 일으키는가? (혹은 언제 팀원들이 혁신 모드에 돌입하는가?)
- ❯ 언제 혁신을 일으키지 못하는가?
- ❯ 조직 내 어디에서 혁신을 일으키는가?
- ❯ 어디에서 혁신이 일어나지 않는가?
- ❯ 어떻게 혁신을 일으키는가?
- ❯ 어떻게 혁신을 가로막는가?
- ❯ 우리에게 혁신이란 무엇인가?
- ❯ 혁신이 아닌 것은 무엇인가?
- ❯ 어떤 상황에서 혁신이 일어나는가?
- ❯ 왜 혁신을 일으키지 못하는가?

문자 그대로 질문하면 된다. 물론 '언제' 라는 단어는 일반적인 의미 말고도 시간이나 요일, 월 등 특정한 때를 뜻할 수 있다. 이러한 질문을 반복하면 해당 문제를 다른 시각에서 접근할 수 있게 된다. 그래서 판에 박힌 답변 외에 매우 특이한 관점이나 견해를 새롭게 발견할 수도 있다. 문제에 새로운 빛을 비추는 것처럼 말이다. 여기에서 나온 아이디어를 이용하면 문제 해결이 가능한 여러 가지 방법을 찾을 수 있다. 그렇게 해서 찾아낸 방법의 우선순위를 정하여 아이디어 생산 단계로 넘어가면 된다.

05 | 문제를 재정의하라

신선한 사고를 불러일으킬 수 있는 간단한 기법이 있다. 그것은 문제점을 새로운 말로 다시 정의해 보는 것이다. 사람은 누구나 문장을 표현하는 방식이나 사용하는 말의 형태, 단어 선택에 따라 자기도 모르는 사이에 기대치나 제약을 정해 둔다. 한 제조 공장에서 아이디어 회의가 열렸는데, 현장 팀원들에게 "어떻게 하면 생산성을 높일 수 있겠습니까?"라는 질문을 했다. 응답 수는 실망스러울 정도로 적었다. 하지만 조금 후 "어떻게 하면 여러분의 일을 쉽게 만들 수 있겠습니까?"라고 질문했다. 그러자 이번에는 훌륭한 아이디어가 봇물 터지듯 쏟아졌다. 나온 아이디어 중 대부분이 기본적으로 생산성을 높이는 방법과 일맥상통했다. 질문을 바꾸고 초점을 옮긴 것만으로 결과가 완전히 달라진 것이다.

만약 한 주제를 가지고 오랫동안 고생했다면, 잠시 멈추고 참석자들에게 완전히 새로운 단어를 사용하여 주제를 다시 표현해 보게 한다. 예를 들어, 보험 회사의 당면 문제가 "어떻게 하면 회사의 브랜드 인지도를 높일 수 있겠는가?"라고 하자. 이제 모두 조용히 이 문장을 다른 단어로 써본다. 독창성 없는 동의어를 만드는 것이 아니라 핵심 목표나 의미는 그대로 두고 다른 단어를 사용해서 문제를 새롭게 표현하는 것이다. 다음과 같은 아이디어가 나올 수 있다.

- 더 많은 사람들이 우리를 알게 하자.
- 고객이 우리를 가장 먼저 떠올리게 하자.
- 운전자들이 사고를 당하기 전부터 우리 회사를 떠올리게 하자.
- 전화를 걸어오는 사람의 숫자를 두 배로 늘리자.
- 보험 회사 중에서 가장 먼저 선택받는 회사가 되자.
- 보험 중개인들이 가장 먼저 추천하는 회사가 되자.
- 사람들이 보험을 생각할 때 우리 회사의 이름을 가장 먼저 떠올리게 하자.
- 사람들 앞에 나서자.
- 우리 회사의 이름이 이 지역에서 가장 많이 알려지게 하자.

이러한 단계에서 '정답'은 없다. 하지만 문제를 다시 정의해 봄으로써 색다른 관점을 얻을 수 있다. 이제 그 중에서 가장 좋은 몇 가지를 골라 브레인스토밍을 시작한다. 예를 들어, 한 그룹이 "어떻게 하면 고객이 우리를 가장 먼저 떠올리게 할 것인가?"를 고르면 다른 그룹은 "어떻게 하면 보험 중개인들이 가장 먼저 추천하는 회사가 될 것인가?"를 선택해 아이디어를 낸다. 여러 그룹이 서로 다른 곳에 초점을 맞추면 다양한 아이디어를 이끌어 낼 확률이 높아지기 때문이다.

06 | 사업의 본질을 파악하라

미국의 공구 제조사 블랙앤데커Black and Decker의 CEO는 언젠가 이런 말을 한 적이 있다. "사람들은 드릴이 필요해서 DIY 상점에 가는 것이 아니다. 그들은 벽에 구멍을 내야 하기 때문에 그곳에 가는 것이다." 여성용 속옷 업체 원더브라Wonderbra에서 한 회의 시간에 다음과 같은 말이 나왔다. "우리는 속옷을 판매하지 않는다. 란제리를 파는 것도 아니다. 우리가 파는 것은 여성의 자신감이다." 할리 데이비슨Harley Davidson은 오토바이를 파는 기업이 아니다. 그들은 중년 남성들에게 '자유'라는 개념을 판다.

자신의 사업이 무엇인지 깨닫지 못한 많은 기업들은 결국 사업을 접고 말았다. 사례를 살펴보자.

- ◆ 스스로 마차 사업을 하고 있다고 생각한 기업이 있었다. 하지만 이들은 사실 운송 사업을 하고 있었고, 훗날 자동차가 등장하자 모두 사라졌다.
- ◆ 얼음 공급 업체라고 생각한 기업이 있었다. 하지만 그들은 사실 식음료 저장 사업을 하고 있었으며, 이들 기업 역시 냉장고의 등장으로 모두

망했다.

- ◉ 계산자를 만드는 기업은 자신이 기술적 전산 사업에 있다는 것을 인식하지 못했다. 훗날 전자계산기가 발명되자 그들은 모두 파산했다.
- ◉ CD, 음반 사업을 하고 있다고 생각한 기업은 사실 음악 사업을 하고 있었던 것이며, 후에 디지털 다운로드 기술이 등장하자 이들은 모두 망했다.
- ◉ 타자기 사업을 하고 있다고 생각한 기업은 사실 커뮤니케이션 사업을 하고 있었던 것이며, 그들은 워드프로세서가 등장하자 모두 밀려났다.

당신 또는 당신이 속한 회사는 무슨 사업을 하고 있는지, 그리고 왜 고객이 당신의 상품이나 서비스를 구입하는지 알고 있는가? 그것을 알아내는 데는 다음과 같은 몇 가지 방법이 있다.

- ◉ 고객에게 물어본다.
- ◉ 구매를 고려하다가 사지 않는 사람들에게 물어본다.
- ◉ 고객들을 관찰하고 그들이 제품을 어떻게 사용하는지 살펴본다.

물론 고객은 각자 다른 대답을 내놓을 것이다. 특정 브랜드의 승용차를 고르는 이유는 사람마다 다르다. 어떤 이들은 멋있어 보이고 싶어서, 어떤 이들은 안전성 때문에, 또 다른 이들은 그저 그 차를 타고 싶어서 산다. 고객이 자사 제품을 구입하는 이유를 정확하게 파악하지 못하면 상품을 시장에 내놓거나 판매하기 힘들다. 더 심하게는 다른 대안이나 기회, 또는 위험에 빠질 수 있는 요인을 알아채지 못하게 된다.

제품 자체가 아니라 제품이 고객에게 제공하는 가치로 사업을 판단하라. 위에서 설명한 기업의 사례를 살펴보면 잘 알 수 있다. 따라서 이제부터라도 "우리는 타자기를 만듭니다."라는 말 대신 "우리는 사람들이 효과적으로 소통하도록 돕습니다."라고 말하라. "우리는 혁신 관리 컨설팅 회사입니다."라고 말하지 말고 "우리는 고객이 새로운 수익을 창출할 수 있도록 지원하고 있습니다."라고 말하라.

사업과 관련해서 혁신을 정의할 때 '혁신은 고객의 가치를 확장하는 행위'로 표현하기도 한다. 따라서 혁신을 추진하고 싶다면, 우선 고객이 진정으로 가치를 두는 것이 무엇인지 정확하게 이해해야 한다. 그런 다음 그 가치를 확장하는 일에 정신을 집중한다. 매주 월요일, 다음 두 가지 질문을 던지며 한 주를 시작하라.

⊙ 고객이 진정으로 가치를 두는 것은 무엇인가?
⊙ 우리가 수행하는 사업은 무엇인가?

The INNOVATION MANUAL

3부

아이디어를 생산하라

The
INNOVATION
MANUAL

01 혁신 제안 프로그램을 만들어라

모든 기업에는 팀원 수가 대여섯 명만 넘으면 제안 프로그램이 있어야 한다. 이것은 내부 인력으로부터 창의적인 아이디어를 얻을 수 있는 가장 좋은 방법 중 하나다. 안타까운 일이지만 팀원 제안 프로그램에는 부정적인 이미지가 따라다니기도 한다. 팀원들은 그저 아이디어를 쪽지에 적어 벽에 붙은 박스 안에 넣는 것을 떠올리고 활발한 반응을 보이지 않기 일쑤다. 하지만 현대적인 팀원 제안 프로그램은 다르다. 목표 달성에 초점이 맞춰져 있고, 적극적인 반응을 유도하며, 진행 속도도 매우 빠르다. 전용 컴퓨터 프로그램을 사용하거나 모든 이가 쉽게 접근할 수 있는 사내 인트라넷을 이용하기도 한다.

독일 기업 지멘스 오토메이션 앤드 드라이브Siemens Automation and Drives가 좋은 예다. 영국 체셔의 콩글턴에 팀원 400명 규모의 전기 모터 드라이브 생산 공장이 있다. 여기에서 사용하는 아이디어 제안 프로그램은 '아이디어 언리미티드Idea Unlimited' 인데 연간 4,000건 이상의 제안이 접수되고, 그 중에서 75%가 실행에 옮겨진다. 이를 통해 절감되는 비용은 미화 144만 달러에 이른다.

이 프로그램의 담당자 하워드 볼Howard Ball은 성공의 비결이 단순함에 있다고 말한다. 이 프로그램에는 작성할 양식도, 서류상의 절차도 없다. 인트라넷에 있는 제안 메뉴에는 아이디어 입력, 평가, 채택 또는 거부, 이행의 네 가지 뿐이다. 모든 관리자가 평가자의 역할을 겸한다. 그리고 아이디어가 채택되면 제안자는 미화 90달러까지 받을 수 있다. 작은 보상이라도 채택된 시점에 수여하는 것이 그 아이디어가 이행될 때까지 기다렸다가 크게 보상하는 것보다 낫다고 하워드 볼은 굳게 믿고 있다.

지멘스의 제안 프로그램에는 다른 흥미로운 점이 있는데, 그것은 부서별로 리그를 만들어 이행된 아이디어 수를 합산한 후 가장 성공적인 부서에 시상하는 것이다. 그리고 관리자들은 아이디어를 받아들이고 이행한 성과에 따라 인센티브를 받는다.

지멘스의 엠마 애커맨은 부품 하나를 스테인리스 대신 아연강철로 만들 것을 제안했다. 이 아이디어가 채택되어 회사는 연간 6만 파운드를 절약하게 되었다. 그녀는 이렇게 말한다.

"온라인으로 아이디어를 낼 수 있어서 제안 절차가 더 간편해졌어요. 그리고 누구든지 아이디어를 낼 수 있다는 것 때문에 자기 일에 더 많은 관심을 갖게 되었죠."

하워드 볼은 극복해야 할 가장 큰 문제로 공장 팀원들이 컴퓨터를 사용하도록 유도하는 것을 꼽았다. 생산 현장의 팀원들은 컴퓨터를 자주 사용하지 않기 때문에 교육과 지도 프로그램을 시행해야 했다. 또 한 가지 주의할 사항은 평가자가 갖는 과중한 업무 부담이다. 그래서 아이디어를 평가하는 사람들에게도 충분한 시간을 주고 그들의 노력을 인정해야 한다. 하지만 전반적으로 볼 때 '아이디어 언리미티드'는 대성공이었다. 프로그램 시작 당시의 목표는 팀원 한 사람당 아이디어 여섯 개를 실행하는 것이었으나 결과는 일곱 개가 넘었다. 다음 해의 목표는 팀원 한 사람당 아이디어 아홉 개다. 하워드는 마지막으로 이런 말을 덧붙였다.

"계속해서 벤치마킹하고, 늘 적극적으로 참여하며, 줄기차게 자문하세요."

도요타는 팀원 제안 프로그램을 통해서 매년 2백만 개가 넘는 아이디어를 만들어 내고 있다. 물론 그 중에서 대부분이 승인을 받아 실행에 옮겨진다.

미국의 대형 가전제품 소매업체 베스트 바이Best Buy는 전 팀원 128,000명이 아이디어를 내도록 유도한다. 고객 서비스 프로젝트 담당 관리자 네이트 오먼Nate Omann은 대형 평면 TV가 배송 도중 파손되는 것을 알게 되었다. 그래서 그는 'TV 타코(동그랗고 얇은 빵을 반으로 접어 야채 등을 넣게 만든 멕시코 음식)'라는 것을 제안했다. 커다란 타코처럼 생긴 재활용이 가능한 덮개로 TV 전체를 감싸 배송하는 것이다. "이 아이디어로 수백만 달러를 절약할 수 있을 거예요. 그리고 무엇보다 중요한 점은 한 번에 제대로 된 상품을 고객에게 전달할 수 있다는 것이죠." 〈패스트 컴퍼니〉 2006년 11월호에 실린 베스트 바이의 인사 담당 부사장 사리 발라드Sari Ballard의 말이다.

바람직한 제안 프로그램은 분명한 목표가 있고, 쉽게 이용 가능하며, 충분한 자원이 할당되어 있고, 신속하게 평가하여 결과를 보여주며, 마지막으로 누구에게나 열려 있다. 큰 보상을 할 필요는 없다. 좋은 아이디어를 인정하고, 신속하고 공정한 평가를 해주는 것이 더 중요하다. 무엇보다도 제안 프로그램을 항상 활기차게 유지하고, 공정하게 운영하여 성공적인 결과를 얻겠다는 리더들의 의지와 헌신이 가장 중요하다.

02 | 아이디어 이벤트로
경쟁시켜라

문제 해결을 위해 획기적인 아이디어가 필요할 때 아이디어 이벤트를 열어보는 것은 어떨까? 우선 해결하고자 하는 문제점을 구체적으로 명시하고, 최고의 아이디어를 선정하기 위한 기준을 세워 이벤트를 진행하자. 여기에 현장에서 실행 가능한 이벤트 진행 사례를 소개한다.

- ◈ 피자와 음료수로 점심을 먹으며 진행하는 브레인스토밍 회의
- ◈ 각 팀별로 아이디어를 사내 인트라넷에 올리고 투표하는 팀별 콘테스트
- ◈ 서바이벌 게임처럼 최악의 아이디어를 뽑아 떨어뜨리면서 최후의 승자를 남기는 게임
- ◈ 아이디어를 제안해야만 간식이나 음료수 등을 받을 수 있게 정해 놓은 파티
- ◈ 협력사나 고객, 학생, 팀원 가족 등 외부인을 초청하여 다양한 아이디어를 제안하게 하는 이벤트

이벤트를 개최하면 해당 문제에 대한 관심을 높일 수 있을 뿐만 아니라 생각의 에너지를 집중시킬 수 있다. 사람들은 이벤트를 통해서 그 문제의 중요성을 인식하고, 아이디어를 내기 위해 노력을 기울일 것이다. 또한 해당 문제가 사람들의 무의식에 자리 잡음으로써 이벤트가 끝난 후에도 풍부한 아이디어가 쏟아져 나올 것이다. 따라서 제안 이벤트는 동기를 유발하고 소속감을 높여야 하며, 무엇보다도 재미있어야 한다.

한 가지 주의할 점은 아이디어 제출의 마감 시한을 정해야 한다는 점이다. 그렇게 해야 아이디어 생산에 정신을 집중할 수 있다. 또한 이미 제안된 아이디어는 게시하여 중복된 아이디어가 나오지 않도록 하는 것이 좋다. 이렇게 하면 제안된 아이디어에서 힌트를 얻어 새로운 아이디어를 생각해낼 수 있다는 장점도 있다.

03 직속 상사를
건너뛸 수 있게 하라

제안 프로그램이나 아이디어 이벤트를 활용할 때 필요하다면 팀원들이 직속 상사를 건너뛰어 아이디어를 제안할 수 있도록 하는 장치가 필요하다.

직속 상사들은 여러 가지 이유로 팀원들이 내놓은 아이디어에 거부감을 느낄 수 있다. 왜냐하면 아이디어 제안자가 프로젝트 멤버로 선발되어 나가는 것을 꺼린다거나 자기 부서에 문제가 있는 것처럼 보일까 걱정할 수 있고, 팀원들 의견에 자신에 대한 비난이 숨겨져 있다고 생각할 수도 있다. 혹은 전략적 계획이나 선입관을 가지고 아이디어를 막으려 할 수도 있다. 따라서 모든 아이디어가 직속 상사의 승인을 거치도록 할 경우, 원활한 아이디어 제안의 흐름이 막히게 될 수 있다는 것이다.

루 거스너가 IBM의 CEO로 취임했을 때, 그가 가장 먼저 취한 조치는 누구든지 아이디어나 제안이 있으면 자신에게 직접 이메일로 보낼 수 있도록 한 것이었다. 그는 곧 엄청난 양의 제안을 받았고, 사원들이 겪는 진정한 문제점에 대해 유용한 정보를 얻을 수 있었다. 버진 그룹Virgin Group의 리처드 브랜슨Richard Charles Nicholas Branson 회장은 오래 전부터 지켜 온 규칙이 있다. 그것은 바로 반드시 필요하다고 생각하는 경우에는 팀원들이 공식적인 아이디어 제출 경로를 뛰어넘어 그에게 직접 사업 아이디어를 제안할 수 있도록 하는 것이다.

팀원들이 조직상의 지휘 계통을 건너뛸 수 있게 하는 것은 마치 필수적인 안전밸브를 설치하는 일과 같다. 매우 특별하고 획기적인 아이디어라면 제 3자가 조금 떨어진 곳에서 객관적으로 평가할 수 있기 때문이다.

04 | 아이디어의 보고, 브레인스토밍을 활용하라

누구나 한번쯤은 아이디어를 내기 위해 브레인스토밍 회의에 참여해 보았을 것이다. 하지만 몇 차례 심드렁한 경험을 해본 수많은 리더들은 더 이상 브레인스토밍을 활용하지 않는다. 그러나 브레인스토밍은 좋은 아이디어를 단시간 내에 이끌어낼 수 있는 가장 단순하고 좋은 방법이다.

브레인스토밍 회의를 시작하기 전에 주의해야 할 몇 가지 사항이 있다. 아주 사소한 준비가 성공과 실패를 판가름할 수 있다는 사실을 명심하라. 그럼 아래 질문에 답해 보자.

- ❱ 브레인스토밍 회의에 몇 명이 참석할 것인가?
- ❱ 어떤 사람을 참석시킬 것인가?
- ❱ 회의 시간은 몇 시간으로 정할 것인가?
- ❱ 회의는 누가 진행할 것인가?
- ❱ 제안된 아이디어는 어떻게 기록할 것인가?
- ❱ 아이디어는 어떤 기준으로 평가할 것인가?

그럼 이제 문제를 하나씩 살펴보자.

■ 브레인스토밍 회의에 몇 명이 참석할 것인가?

참석 인원은 여섯 명에서 열 명 정도가 적당하다. 여섯 명보다 적으면 다양한 아이디어가 나오기 어렵다. 반면에 참석자가 열 명 이상이면 회의가 원활하게 진행되지 않고, 모든 사람의 의견을 듣거나 나온 의견을 기록하기 힘들다.

■ 어떤 사람을 참석시킬 것인가?

여기에서 중요한 것이 다양성이다. 한 가지 문제를 가지고 몇 달간 씨름해 온 사람들끼리만 회의를 진행하면, 늘 거론되던 아이디어가 다시 나올 확률이 높다. 하지만 외부 사람을 몇 명 끼워 넣으면 신선한 아이디어를 이끌어낼 수 있다.

가능하면 다양한 사람들을 한데 섞는 것이 좋다. 예를 들면 젊은 사람과 나이 든 사람, 남성과 여성, 오래 근무한 사람과 신입사원, 부서 내부 사람과 외부 사람으로 혼합 편성하는 것이다. 아울러 주제가 적절하다면, 고객이나 협력사 관계자를 초청하는 것도 좋다. 이때 성격이 활발하고 획기적인 아이디어를 낼만한 사람을 고르는 것이 핵심이라는 것을 명심하자.

■ 회의 시간을 어느 정도로 정할 것인가?

회의 시간은 주제가 얼마나 복잡한지, 얼마나 다양한 방법을 사용할 것인지, 문제 분석부터 할 필요가 있는지에 따라 다르다. 문제점이 비교적 잘 정의되어 있는 일반적인 브레인스토밍 회의일 경우에는 한 시간 정도면 충분하다. 그리고 짧고 활력이 넘치는 회의가 길고 늘어지는 것보다 훨씬 효율적이다.

사람은 보통 아침 시간에 더 활기차고 머리가 맑다. 팀원들이 쏟아지는 이메일과 쉴 새 없이 울리는 전화벨, 여기저기서 처리해야 할 일로 바빠지기 전에 커피와 머핀을 준비하여 아침 8시 30분에 회의를 시작하는 것은 어떨까?

■ 누가 회의를 진행할 것인가?

가장 좋은 방법은 퍼실리테이터와 같은 숙련된 외부 진행자를 초빙하는 것이다. 그들은 경험이 많고 중립적이며, 열의가 있고 회의의 흐름을 정확하게 파악해서 기록한다. 또한 모든 사람들이 아이디어를 내게 하고, 아이디어가 끊이지 않고 나오도록 다양한 기법을 사용할 줄 안다. 혹은 누군가 회의를 지나치게 주도하거나 엉뚱한 방향으로 끌고 가는 경우에는 적절하게 중재하기도 한다. 만약 외부 진행자를 초빙하기 어렵다면, 참석자 중에 열의가 있으면서 주제에 대해 중립적인 사람을 선택해도 된다. 회의 진행자가 반드시 부서장이어야 할 필요는 없다. 일반적으로 부서장은 맡은 업무가 많고, 그들이 서기나 회의 진행자가 되면 참석자들이 논란의 여지가 있거나 부정적인 의견은 내놓길 꺼리게 된다.

■ 제안된 아이디어는 어떻게 기록할 것인가?

아이디어를 기록할 때 가장 일반적으로 사용하는 세 가지 방법은 플립 차트와 포스트잇, 컴퓨터 입력이다. 플립 차트는 사용이 간편하여 빠르고 쉬우며, 써 놓으면 누구든지 볼 수 있다는 장점이 있다. 포스트잇은 아이디어 생산 단계에서는 조금 지저분하지만 평가 단계에 이르면, 쉽게 옮겨 붙이면서 다양한 그룹으로 묶을 수 있기 때문에 탄력적으로 이용할 수 있다.

■ 아이디어를 평가할 때 어떤 기준을 사용할 것인가?

회의를 시작하기 전에 미리 아이디어의 평가 기준을 정해 놓는 것이 좋다. 이때 '추가 자원 투입 없이 분기 내에 실행 가능한 아이디어'처럼 제약이 심한 기준은 피하는 것이 좋다. 선정 기준을 정할 때 유용하게 사용할 수 있는 방법으로 FAN(Feasible, Attractive, Novel)이 있다. 이것은 다음과 같은 세 가지 질문을 이용하여 결정하는 방법이다. 아이디어가 실현 가능성이 있는가?(Feasible) 아이디어에 마음이 끌리는가?(Attractive) 아이디어가 참신한가?(Novel) 아이디어 평가에 관해서는 97쪽(06. 브레인스토밍 회의)을 참조하라.

브레인스토밍 회의에는 분명한 목표가 있어야 한다. 이것은 접근 방식 대신 원하는 결과물의 형태로 표현한다. 그러므로 '어떻게 매출을 올릴 것인가?'라는 목표도 좋지만 약간 모호하다. '향후 어떻게 고객 전환율을 높일 것인가?'라는 목표는 다소 한정적이다. 차라리 '어떻게 하면 매출을 50% 올릴 것인가?'라는 목표가 더 낫다. 기준이 명확하고 도전할 만한 목표이면서 그것을 완수할 수단에 대해서는 제한을 두지 않기 때문이다.

05
브레인스토밍 회의
– 아이디어 생산하기

브레인스토밍 회의를 조금 더 효과적으로 진행할 수 있는 몇 가지 기본 수칙이 있는데, 그 중에서 가장 중요한 것은 회의의 3단계를 파악하는 것이다.

1단계 – 회의를 시작할 때 가장 먼저 문제나 목표를 정의한다.

2단계 – 아이디어 생산 단계에서 확산적, 창의적 사고를 통해 최대한 많은 아이디어를 이끌어 낸다.

3단계 – 아이디어 평가 단계에서 집중적, 분석적 사고를 통해 실행에 옮길 베스트 아이디어를 선정한다.

아이디어 생산 단계에서는 참가자들이 회의 규칙을 이해하고 지키는 것이 매우 중요하다. 규칙은 다음과 같다.

❯ 예단은 금물이다. 이 단계에서는 아이디어에 대해 비판할 수 없다. 다소 엉뚱하거나 웃기더라도 모든 아이디어는 대환영이다.

- 모든 아이디어를 기록하고 번호를 매긴다. 구체적인 행동 위주로 간략하게 적거나 컴퓨터에 입력한다.
- 각자 제안한 아이디어에 살을 붙인다. 다른 사람의 아이디어에서 힌트를 얻어 더 많은 아이디어를 만들어낼 수 있다.
- 아이디어는 많을수록 좋다. 우리에게 필요한 것은 다수의 훌륭한 아이디어다.

플립 차트나 포스트잇에 아이디어를 적거나 회의용 프로그램을 사용하여 직접 컴퓨터에 입력할 수 있다. 회의 진행자가 보통 서기를 겸하지만, 두 사람이 나누어 할 수도 있다. 진행자는 활발한 분위기를 유지해야 하고, 특정한 사람이나 특정 아이디어에 편중되지 않으면서 아이디어가 계속해서 흘러나오도록 독려한다.

아이디어 제안이 잠시 끊겨도 걱정할 필요는 없다. 참석자들이 잠시 깊은 생각에 빠져있는 것일 수 있다. 물론 100쪽(07. 브레인스토밍에 활력을 불어넣어라)에서 제시한 기법을 이용해도 된다.

제일 처음에 나온 아이디어는 가장 명백한 답이거나 늘 나오는 대답인 경우가 많다. 시간이 흐를수록 황당하면서도 획기적인 아이디어가 나온다. 따라서 놀라울 정도로 많은 아이디어가 나올 때까지 회의를 계속하라. 80에서 100개 이상의 아이디어가 나오는 것도 드문 일은 아니다.

06 | 브레인스토밍 회의
 ― 아이디어 평가하기

아이디어 평가는 회의의 성패를 판가름하는 매우 중요한 단계이므로, 아이디어 생산 단계와 비슷한 정도의 시간과 주의가 필요하다. 이전 단계에서는 판단을 보류했지만, 평가 단계에 이르면 날카로운 판단력을 발휘하여 수많은 아이디어를 짚어보고 실행에 옮길 몇 가지를 선정해야 한다. 따라서 아이디어의 선정 기준을 미리 정해 놓는 것이 좋다. 그래야 가장 좋은 제안을 선택할 수 있는 튼튼한 기반이 생긴다.

신제품 아이디어를 분석한다고 생각해 보자. 이때 적용할 수 있는 기준은 다음과 같을 것이다.

　◈ 고객이 이 상품을 선택할 것인가?

　◈ 이 상품은 기술적으로 실현 가능한가?

　◈ 이 상품은 수익을 창출할 수 있는가?

그럼 이 기준을 바탕으로 각각의 아이디어를 평가해 보자. 세세한 규칙을 줄줄이 적용하는 것보다는 넓은 범위의 개념적 기준 몇 가지만 가지고 시작하는 것이 좋다. 대부분의 관리자들은 '현재 보유한 자원으로 즉시 실행 가능한가?' 같은 기준을 넣고 싶어 한다. 하지만 판단 기준에 이러한 제한을 두면 획기적이고 훌륭한 아이디어들이 버려질 수 있으므로 주의해야 한다.

모든 종류의 아이디어를 판단할 때 일반적으로 적용할 수 있는 기준이 앞에서 설명한 FAN 방법이다. 실현 가능성이 있는가? 즉 이것을 생산할 수 있는 기술이 존재하는가?(Feasible) 마음이 끌리는가? 즉 우리는 물론 고객의 마음에 들겠는가?(Attractive) 참신한가? 즉 우리 조직에 새로운 것인가?(Novel)

평가할 아이디어가 많을 때는 보통 회의 진행자가 각각의 것을 살펴보고 나서 다른 사람들의 의견을 받는다. 이런 방식으로 아이디어를 '훌륭함', '흥미로움'으로 분류하고 나머지는 줄을 그어 일단 배제한다. 이러한 과정은 보통 시간이 많이 걸리는데, 다음과 같은 방법을 사용하면 조금 더 빨리 진행할 수 있다.

◈ 한 명씩 앞으로 나와 가장 좋다고 생각되는 아이디어에 표시한다. 가장 많이 표시된 아이디어가 채택된다. 이 방법은 빠르고 활기차지만 너무 특이한 아이디어는 무시될 가능성이 있다.

◈ 비밀 투표를 실시한다. 이 방법을 쓰면 남의 이목 때문에 특이한 아이디어를 선택하지 않거나 지위가 높은 다른 사람의 의견에 휩쓸릴 가능성이 줄어든다. 투표 도중에는 논의를 할 수 없지만, 아이디어 순위 선정이 끝나면 그룹 토의를 시작한다.

◈ 참석자들이 돌아가면서 자신이 선택한 아이디어를 말한다. 진행자가 회의장을 돌면서 모든 사람들에게 말할 기회를 준다. 이것은 신속하고 쌍방향으로 이루어진다는 장점이 있지만, 뒤에 말하는 사람이 앞사람의 영향을 받을 수 있다는 단점이 있다.

가장 좋은 아이디어를 채택한 후에는 후속 조치에 필요한 과제를 배분해야 한다. 사람들에게 필요한 자원을 예측하게 하고, 다음 단계로 어떤 일을 해야 하는지에 대해 질문한다. 즉각적이고 단순한 것들은 곧바로 실행에 들어가고, 조금 더 복잡한 일은 계획 수립에 들어가도록 한다.

영국의 대표적인 할인점 체인인 테스코 사는 아이디어의 평가 기준으로 '더 낫고, 더 단순하며, 더 저렴한가?'라는 기준을 사용한다. 이 기준을 문장으로 표현하면 다음과 같다. '이 아이디어가 고객을 위해 더 나은가?' '팀원들을 위해 더 단순한가?' '테스코를 위해 더 저렴한가?' 테스코의 새로운 제안은 무엇이든지 이 세 가지 질문에 부합해야 한다. 테스코에는 모든 팀원들이 아이디어를 제안해야 한다는 분위기가 형성되어 있으며, 팀원들의 제안에 대해서는 최대한 신속하게 평가 결과를 알려 준다. 이처럼 명확한 기준을 통해 테스코는 주제에 초점을 맞춘 아이디어를 모으고 평가 속도를 높일 수 있었다.

07

브레인스토밍 회의에
활력을 불어넣어라

브레인스토밍 회의에서 아이디어와 에너지가 떨어지면 활기를 불어넣을 몇 가지 기법을 사용할 때가 온 것이다. 여기에 가장 효과적인 세 가지 방법을 제시한다.

■ 문제 뒤집기

문제점을 정반대로 생각하여 브레인스토밍을 진행한다. 예를 들어, 문제가 '어떻게 고객 서비스를 향상시킬 것인가?' 라면 '어떻게 고객 서비스의 질을 낮출 것인가?' 로 바꾼다. 그러면 참가자들이 기다렸다는 듯이 고객을 쫓아버릴 수 있는 아이디어를 내놓을 것이다. 아이디어가 12~20개 정도 모이면 그것을 하나씩 짚어 본다. 각각의 아이디어를 반대로 뒤집어봄으로써 고객 서비스 향상 아이디어가 나올 수 있는지 살펴보자. 예를 들어, 아이디어가 '전화를 받지 않는다' 라면 '전화벨이 세 번 울리기 전에 전화를 받는다' 또는 '전화를 받을 때 고객의 이름을 부른다' 와 같은 아이디어로 바뀔 것이다.

■ 무작위 단어 고르기

사전을 꺼내서 임의로 명사 하나를 고른다. 그 단어를 플립 차트 상단에 쓴 다음, 그 밑에 단어의 속성을 대여섯 개 정도 적는다. 그런 다음 그 단어의 의미 또는 속성과 우리가 가진 문제점 사이의 관련성을 찾아본다. 새로운 연상 관계가 계속해서 떠오르는 것을 발견하게 될 것이다.

■ 직유법

주제를 알려준 후 참가자들에게 종이에 '우리의 문제점은 마치 ～ 같다'의 형식으로 문장을 쓰게 한다. 다른 사람의 생각에 영향을 받지 않도록 각자 조용히 적는다. 비유하는 것이 반드시 정확할 필요는 없다. 두 개념의 유사성보다는 사람들의 느낌이 주로 표현되는데, 모두 아이디어를 이끌어 내는 촉매제 역할을 하므로 상관없다. 그런 다음 모든 사람의 문장을 보여주고 가장 좋은 문장을 하나 선택하게 한다. 뽑힌 문장에 대해 브레인스토밍하고 해결책을 찾도록 한다. 그런 다음 해결책을 분석하여 그것이 본래 문제에 어떻게 적용될 수 있는지, 실제로 이용 가능한지를 알아본다.

예를 들어, 문제점이 '팀에 동기 부여를 할 수 있는 방법은 무엇인가?'라면 아이들이 숙제를 하게 만드는 방법에 비유해 브레인스토밍을 할 수 있다. 또는 '마이크로소프트를 이길 수 있는 방법' 대신 '작은 빵집이 할인점에 대항할 수 있는 방법'에 대해 브레인스토밍한다. 그리고 나서 직유법을 사용한 각각의 아이디어를 살펴보고, 그것이 본래 환경에서는 어떻게 바뀌어 적용될 수 있는지 알아본다.

08

사업과 무관한 외부의
전문가를 초청하라

특정 주제에 대해 창의적 사고와 혁신에 관한 회의를 가질 계획이라면 기존의 사고방식을 바꾸고 새로운 아이디어를 자극할 수 있는 좋은 방법으로 완전히 다른 분야의 전문가를 초청하는 방법이 있다.

영업력에 문제가 있는 한 기업이 있었다. 팀원들은 사기가 떨어지고 소속감도 거의 없었다. 영업팀 팀원들이 회사의 저조한 수주 능력과 낮은 커미션에 대해 불만이 많았지만, 임원들은 영업팀의 낮은 의욕과 추진력이 문제의 원인이라고 생각했다. 그래서 임원들은 창의적 사고와 혁신에 관한 회의를 준비하면서 이 문제를 해결할 팀을 조직했다.

그들은 일단 외부 전문가의 초청 강연으로 회의를 시작했다. 강연자는 군에서 직업 군인으로 장기간 복무한 예비역 소령 출신으로 군인 선발과 훈련, 동기 부여에 관한 전문가였다. 군에서는 어떤 방식으로 용기와 소속감, 규율과 추진력을 심어주는가? 분명한 것은 보너스와 커미션을 통한 방식은 아니라는 점이다. 소령이 발표를 마치자 참석자들은 여러 가지 궁금한 점을 물어보았다. 그들은 나중에 회의에서 소령의 아이디어를 이용해 스스로를 개선할 수 있는 계획을 세웠다. 결국 임원들은 리더십과 교육, 보상 부분을 개선했고, 가장 많은 영업 실적을 올린 사람에게 한 달에 한 번씩 메달을 수여하기 시작했다. 이로 인해서 회사는 영업팀의 업무 성과를 획기적으로 높일 수 있었다.

인력 문제로 고민하고 있다면, 다음과 같이 자사 사업과 전혀 무관한 외부 강사를 초빙하여 색다른 사고와 견해를 경험해 보는 것도 매우 효과적이다.

> ❥ 목사, 교장, 병원장, 자선기관 임원, 동물원 관리자, 장교, 대형 호텔 매니저

창의력을 높이거나 디자인 향상, 혁신을 추진하고 싶다면 다음과 같은 사람들의 강연으로 회의를 시작해 보자.

> ❥ 영화감독, 인테리어 디자이너, 웹사이트 디자이너, 광고 기획자, 요리사

다른 분야의 리더들도 우리와 비슷한 문제를 겪지만 처한 상황은 매우 다르다. 그러한 경험을 함께 나눌 사람이 있는지 찾아보자. 그들의 색다른 관점이 새로운 사고와 교훈을 가져다 줄 것이다. 또한 우리가 안주하고 있는 익숙한 환경에서 벗어나 창의력에 발동을 걸도록 도와줄 것이다.

09

퍼실리테이터를
활용하라

창의적 혹은 전략적 문제를 다룰 중요한 회의가 있다면 퍼실리테이터(회의 진행자)의 도움을 받는 것이 좋다. 회의 규모가 크거나 자기주장이 강한 사람들이 끼어 있는 경우가 특히 그렇다. 다음과 같은 문제점 때문에 많은 회의가 실패로 돌아갈 수 있다.

> 참석자들이 자신의 의견을 입 밖에 내는 것을 꺼린다. 고위 간부의 심사를 거스르거나 남들의 웃음거리가 되고 싶지 않기 때문이다.

> 목소리가 큰 사람들이 회의를 지배하다시피 한다.

> 두 사람이 논쟁을 시작해 누구도 자신의 주장을 꺾지 않는다.

> 회의 초반에 시간을 낭비하여 다음 일정에 문제가 생기거나 회의가 정해진 일정에 따라 진행되지 못한다.

> 결정된 사항을 요약하고 정리하는 사람이 없어서 어떤 점이 합의에 이르렀으며, 다음 단계로 무엇을 진행할지가 명확하지 않다.

> 참석자 중 가장 지위가 높은 사람이 자신의 의견을 밀어붙이기 위해 회의를 이용한다. 회의가 일사천리로 진행되고 참가자들은 무시당했다

고 느낀다.

외부의 숙련된 진행자를 활용하면 위와 같은 문제를 극복할 수 있다. 퍼실리테이터는 회의 내용에 관해 중립적인 태도를 유지하며, 오직 회의가 잘 진행되는 것에만 관심을 쏟는다. 또한 회의 주제에 대해 개인적 의견이 없기 때문에, 어떠한 관점도 잘못되었다거나 부적합하다고 생각하지 않는다. 그들은 모든 의견을 환영한다. 그리고 회의가 일정대로 진행되게 하고, 미리 세워 놓은 계획에 따라 결과물을 이끌어 내는 데 초점을 맞춘다. 활발한 논의가 계속되도록 적절한 기법을 사용하고, 말이 없는 사람들의 입을 열게 한다. 동시에 시끄럽거나 까다로운 사람들도 효과적으로 잘 다룰 수 있다. 한마디로 회의 참석자 모두가 정해진 시간과 주제에 맞춰 회의할 수 있게 만들어 주는 것이다.

훌륭한 퍼실리테이터는 브레인스토밍이나 창의적 사고 회의에 특히 유용하다. 이들은 참신하고 흥미로운 방법으로 서먹서먹한 초반 분위기를 없애줄 뿐만 아니라 문제를 분석하고, 아이디어를 생산하고 평가하며, 필요한 조치 사항을 요약 정리해 준다. 자신의 상사가 아니라 이해관계가 없는 외부 전문가가 회의를 진행하면 팀원들은 회의에 더 적극적으로 참여한다. 또한 직급이나 이해관계에 제한을 받지 않기 때문에 과감한 의견을 내놓을 수 있다.

10 | 경쟁 우위에 서는 새로운 규칙을 만들어라

흔히 리더들은 사업을 스포츠에 비유해서 말하기도 한다.

"레알 마드리드 같은 팀워크가 필요하다.", "F1 자동차 경주에 참가하는 페라리 팀 같은 성적을 내야 한다.", "라이더 컵Ryder Cup 골프 대회에 참가한 선수들처럼 열정이 있어야 한다." 등 비유하는 사례는 매우 다양하다. 스포츠는 노력과 팀워크, 훈련이라는 면에서 훌륭한 속성이 많다. 하지만 매우 중요한 한 가지 관점에서 사업에 비유적으로 쓰이기 어려운 것이 있는데, 그것은 바로 '혁신'이다. 스포츠에는 엄격한 규칙이 정해져 있어서 벌칙을 받지 않고는 그것을 어길 수 없지만, 사업에서는 대부분의 규칙을 깰 수 있다. 획기적인 혁신은 기존 질서에 반기를 들고 완전히 새로운 게임을 만들어 내는 것과 같다.

경쟁자보다 우리에게 유리하도록 게임의 규칙을 새로 만들 수 있다면, 그것은 엄청난 이점이 된다. 1970년대 후반 스위스의 시계 산업이 일본과 치열한 경쟁을 벌이면서 오메가Omega나 론진Longines, 티쏘Tissot 같은 빅 브랜드가 큰 곤경에 처했다. 그때 니콜라스 헤이

엑Nicholas Hayek이 놀라운 일을 벌였다. 그는 스위스에서 가장 큰 시계 제조사 ASUAG와 SSIH를 합병하여 새로운 기업 '스와치Swatch'를 탄생시켰다. 그리고 완전히 새로운 디자인으로 저렴하면서 기술력과 예술성이 높은 시계를 만들어 소비자의 마음을 사로잡았다. 5년이 채 지나지 않아 이 신생 업체는 전 세계에서 가장 큰 시계 제조사가 되었다. 스와치는 시계 산업의 규칙을 새로 썼다. 스위스 시계 회사들은 전통과 품질에 초점을 두어 대량 생산 브랜드에 맞섰지만, 스와치는 재미있고 유행에 민감하며 수집가들도 탐낼 만한 시계를 만들어 시계 시장의 판도를 바꾸었다.

모든 사업은 눈에 보이는 규칙과 보이지 않는 규칙으로 형성된 환경 속에서 운영된다. 하지만 이러한 한계와 제약들 대부분은 우리 스스로 만들어 놓은 것이며, 거기에 의문을 제기하지도 않은 채 순순히 받아들인 것이다. 그래서 "우리가 이 규칙을 깨면 무슨 일이 일어날까?"라고 질문을 던지는 사람들은 지금 막 이 분야에 뛰어든 신규 업체인 경우가 많다.

리처드 브랜슨이 버진 아틀란틱Virgin Atlantic을 세워 브리티시 항공British Airways이나 아메리칸 항공American Airlines, 팬암Pan Am과 맞설 때, 그 역시 항공 업계를 지배하고 있던 규칙을 깼다. 기존의 항공사들은 모두 똑같은 규칙을 따르고 있었다. 일등석 승객은 최고의 서비스를 즐기고 비즈니스석 승객은 적당한 수준의 서비스를 받으며, 마지막으로 이코노미석 승객은 받는 것이 별로 없다. 브랜슨은 일등석을 없애는 대신 일등석 서비스를 비즈니스석 승객들에게 제공했다. 그리고 이코노미석 무료 음료 제공, 의자 머리받침용 화면 설치,

공항 리무진 서비스를 제공하는 식으로 혁신을 시도했다.

바디샵Body Shop의 창립자인 애니타 로딕Anita Roddick은 그 분야의 전문가들과 정반대의 일을 시도해서 성공한 경우다. 그녀는 약국이란 화장품, 향수, 약용 크림 같은 것을 비싼 포장과 예쁜 병에 넣어 파는 답답한 곳이라고 생각했다. 그녀는 바디샵의 제품을 값싼 플라스틱 병에 넣고 평범한 상표를 붙여 기존 업체들과 정반대 방향으로 사업을 전개했다. 그리하여 비용을 절감하는 것은 물론, 화려한 포장보다 병 안에 든 내용물이 더 중요하다는 것을 내세웠다. 또한 자연적이고 영적이며, 환경을 생각하는 소비자와 함께한다는 이미지를 강조했다.

피카소는 얼굴 표현 방식에 대한 규칙을, 가우디는 건물의 겉모습에 대한 상식을 깼다. 획기적인 혁신을 이뤄내려면 현재 상황을 지배하고 있는 모든 상식에 도전해야 한다. 사업은 잘 짜인 규칙과 심판이 존재하는 스포츠 경기가 아니다. 오히려 사업은 자유분방한 예술에 더 가깝다. 따라서 고객이 원하는 상품과 서비스를 제공하기 위해 새로운 방법을 찾아 수평적으로 사고하는 사람이라면 무궁무진한 기회를 발견할 수 있다.

11 | 가상의 경쟁자를 만들고 전략을 수립하라

방법은 간단하다. 그룹을 네 명에서 여섯 명의 팀으로 나눈다. 그런 다음 막강한 자본을 가진 한 기업이 현재 우리가 속한 시장에 진입하려 한다고 상상해 보자. 이 기업은 매우 혁신적 접근을 통해 우리 고객을 빼앗고, 우리를 시장에서 몰아내려고 한다. 그리고 의도적으로 우리의 약점을 공략할 것이다. 이 기업이 우리 팀을 고용하고 엄청난 자원을 지원해 준다고 가정하자. 어떻게 할 것인가?

각각의 팀은 이 가상 기업의 팀원이 되어 더 나은 서비스를 제공하고, 시장에서 주도권을 장악할 수 있는 혁신적인 방법을 찾아내기 위해 브레인스토밍을 해야 한다. 모두 깨끗한 백지 상태에서 시작한다. 기존의 사고방식이나 지금까지 우리를 억누르던 부담과 변명 따위는 모두 잊자. 원하는 기술은 무엇이든 동원할 수 있고, 사용할 수 있는 자원에도 한계가 없다. 제한을 두지 않고 생각하면 매우 극단적이고 혁신적인 사업 모델을 생각해 내기가 훨씬 쉬워진다.

그리고 다음 단계로 넘어가 각각의 팀이 사업 모델을 하나씩 선정한 후 다음 세 가지 질문에 답변한다.

◈ "그 모델은 무엇인가?"

◈ "그 모델을 이용하려면 어떤 형태의 조직이 가장 이상적인가?"

◈ "우리가 이러한 경쟁자를 맞아 싸우려면 어떻게 해야 하는가?"

팀별로 아이디어를 발표하고 회의 진행자가 1등을 결정한다. 상품 가격을 낮추거나 홍보에 더 많은 돈을 쓰는 것보다 창의적인 아이디어를 낸 팀에 더 높은 점수를 준다. 물론 여기서 나온 아이디어는 실제로 '막강한 경쟁자'가 나타나기 전에 실행할 수 있도록 분석하는 등 만반의 준비를 해두어야 한다.

12 전혀 다른 요소의 결합으로 상식을 파괴하라

영국의 BBC 방송은 유명 인사를 대상으로 가상의 주식 투자를 하는 셀렙닥Celebdaq(www.bbc.co.uk/celebdaq)을 만들어 성공을 거두었다. 참가자는 이 웹사이트에서 선택한 유명인사의 대중 매체 노출 정도에 대한 선물옵션 거래를 하고, 자신이 투자한 대상의 가치가 오르고 내리는 것을 볼 수 있다. 연예 가십 정보와 주식 투자 아이디어를 결합하여 시청자들의 눈길을 사로잡는 혁신적 상품을 개발해 낸 것이다.

서로 다른 두 가지 개념을 결합시키는 것은 오래 전부터 유행했다. 그 중에서 가장 위대한 발명품은 무엇일까? 그것은 바로 요한 구텐베르크의 금속활자다. 금속활자가 발명되기 전까지는 책을 손으로 베끼거나 나무 활자로 찍어 만들었다. 1450년 경 독일 스트라스부르에서 구텐베르크는 두 가지 아이디어를 하나로 합쳐 금속활자를 발명했다. 그는 동전 천공기의 다루기 쉬운 특성과 와인 압착기의 강력한 힘을 결합시켰다. 덕분에 책 만들기가 한층 용이해졌고, 지식과 생각을 서구 세계에 전파할 수 있게 되었다. 의사소통 혁명의 관점에서 금속활자에 필적하는 발명품은 인터넷뿐이다.

두 아이디어를 하나로 합쳐 세 번째 것을 만들면 2 더하기 2는 5가 나오는 효과가 생긴다. 고대의 가장 위대한 발견들 중 하나는 경금속인 구리와 주석을 합쳐 단단한 합금인 청동을 만들어 낸 것이었다. 동전 천공기와 와인 압착기를 결합하여 위대한 인쇄기를 만들어 낸 것처럼 말이다.

주요 상품이나 서비스를 색다른 개념과 결합시키면 어떤 결과가 나오는지 살펴보자. 완구와 관리자 교육을 합쳐 레고는 새로운 전략 수립 기법을 생각해 냈고, 그것은 바로 경영진들이 레고 블록을 이용해서 사업 모델을 만드는 것이었다. 그리고 세계적인 화장품 회사 로레알은 약품과 패션의 세계를 결합하여 획기적이고 성공적인 전략을 수립했다.

바이올리니스트는 어떤 혁신을 일으킬 수 있을까? 핀란드의 유명한 바이올리니스트 린다 브라바Linda Brava는 수많은 주요 관현악단과 협연했으며, 1996년에 헬싱키 시의원으로 선출되었고, 스웨덴 주재 핀란드 관광대사가 되었다. 또한 그녀는 〈플레이보이Playboy〉 모델로 활동했으며, 미국의 텔레비전 시리즈 '베이워치Baywatch'에 출연하기도 했다. 성적 매력과 탁월한 음악적 기량을 결합하여 독특한 자신만의 브랜드를 만들어 낸 것이다.

한 가지 상품을 정해 그것을 성공시킬 황당한 아이디어를 생각해 보라. 트레버 베이리스Trevor Bayliss는 시계태엽 라디오를 만든 영국의 발명가다. 얼마나 희한한 조합인가! 라디오는 전기가 필요한 반면 시계태엽은 기계적인 작동 방식이다. 물론 건전지나 전기로 라디오를 작동시키는 것이 더 낫다. 하지만 손으로 태엽을 감아 사용할 수 있는 라디오는 건전지가 비싸고, 전력 공급이 불안정한 지구상의 수많은 빈곤 지역에서 더 많은 사람들이 정보를 접할 수 있게 해주었다.

이처럼 전혀 다른 요소 간의 결합 방식을 협력 관계에도 적용시킬 수 있다. 함께 일할 수 있는 다양한 개인이나 조직을 떠올려 보라. 서로 다른 기술을 결합시키면 독창적인 방법으로 시장에 접근하는 것이 가능하다. 성악가 파바로티가 아일랜드의 록밴드 U2와 함께 공연한 것을 생각해 보자. 아니면 메르세데스 벤츠가 스와치와 제휴하여 생산한 혁신적인 경차를 떠올려 보자. 고급 자동차 회사가 패션 시계 제조업체와 협력하여 그토록 창의적인 자동차를 만들어 낼 것이라고 그 누가 상상했겠는가?

대부분의 창의적인 아이디어는 기존의 아이디어를 합성하여 만든 것이다. 그러므로 기존의 것을 다양한 방식으로 결합해 보는 것은 새로운 아이디어를 생산하는 데 유용한 방법이 될 수 있다. 팀원들을 모아 우리 상품을 색다른 것들과 어떻게 결합시킬 수 있는지 브레인스토밍을 해보자. 극단적인 사례도 좋다. 우리의 주요 상품을 전혀 다른 상품이나 서비스, 장소, 성격 등과 어떻게 결합시킬 수 있겠는가? 특이한 결합이 많이 나올수록 독창적인 아이디어가 떠오를 가능성이 높아진다.

데이비드 뮈셀화이트David Musselwhite는 사람들이 변호사 사무실을 방문할 때 부담스러워 하는 것을 깨닫고, 그러한 사고방식을 바꾸고 싶었다. 그래서 변호사 사무실과 커피숍을 합친 형태의 '리걸 그라운드Legal Grounds'를 만들었다. 사람들이 찾아와 커피를 마시면서 변호사들과 격의 없이 담소를 나눌 수 있게 한 것이다. 홍보 효과는 대단했고, 여기서 새로운 사업 모델이 탄생했다.

고객이 자사에서 제공하는 상품이나 서비스를 어떻게 이용하는지 연구하라. 그것을 다른 제품과 함께 사용하는가? 그것을 더 편리하게 사용할 수 있도록 미리 합쳐 놓을 방법이 있는가? 진과 토닉을 미리 섞은 형태의 술을 출시한 회사가 좋은 사례다.

다음과 같은 사실을 명심하라.

- ▶ 누군가 손수레와 수트케이스를 결합시켜 바퀴가 달린 수트케이스를 만들었다.
- ▶ 누군가 이글루와 호텔을 결합시켜 얼음 궁전을 만들었다.
- ▶ 누군가 복사기와 전화기를 결합시켜 팩스를 발명했다.
- ▶ 누군가 종과 시계를 결합해서 알람시계를 만들었다.
- ▶ 누군가 동전 천공기와 와인 압착기를 결합함으로써 오늘날 우리가 책을 읽을 수 있게 되었다.

이제부터는 수트케이스를 끌거나 팩스를 사용하거나 책을 읽을 때, 그것이 누군가의 독창적인 아이디어 결합 덕분이라는 사실을 기억하자. 지금 당장 자사의 상품으로 색다른 결합을 시도함으로써 혁신을 주도해 보는 것이 어떨까?

13 | 아이디어는 많으면
많을수록 좋다

현대 교육의 문제점은 대부분의 문제에 단 하나의 정답만 있다고 가르치는 것이다. 객관식 시험은 학생들이 정답을 고르고 틀린 것은 피하도록 강요한다. 그래서 졸업할 때가 되면 학생들은 정답만 찾으면 모든 문제가 해결된다는 식의 사고방식에 완전히 물들게 된다. 하지만 현실은 전혀 그렇지 않다. 현실에서 발생하는 모든 문제에는 다수의 정답이 있다. 우리는 학교에서 배운 접근 방법을 잊고, 더 많고 더 나은 해답을 찾는 태도를 길러야 한다.

진정한 창의력을 기르려면 아이디어 중에서 몇 가지를 골라 급하게 시험 단계에 돌입하기에 앞서, 먼저 다수의 아이디어를 생산해야 한다. 왜 더 많은 아이디어가 필요할까? 아이디어를 처음 내놓기 시작할 때는 명백하고 쉬운 해답만을 생각하기 때문이다. 아이디어를 내면 낼수록 별나고 엉뚱하며, 창의적인 아이디어가 나온다. 그 누구도 상상하지 못했던 획기적인 해결책으로 이끌어 줄 아이디어 말이다.

조직 관리의 대가 게리 하멜Gary Hamel은 '기업의 정자 개체 수'에 대해 언급했는데, 기업에서 생산된 아이디어 수를 통한 생식 능력 테스트인 셈이다. 아이디어가 너무 많으면 관리하기 힘들다고 생각하는 관리자들이 많지만, 혁신적인 기업일수록 아이디어가 넘치는 환경을 즐기는 법이다.

BMW에서 세계 각국의 사람들로부터 다양한 제안을 받기 위해 가상 혁신 에이전시 VIA Virtual Innovation Agency를 열었을 때, 첫 주에만 무려 4,000여 개의 아이디어가 쏟아져 들어왔다. 그 이후에도 아이디어는 계속해서 들어오고 있다. 홈페이지 'www.bmw.com'에 접속해 '혁신'을 클릭하면 누구든지 BMW의 아이디어 은행에 참여할 수 있다.

도요타의 팀원 제안 프로그램에는 연간 2백만 건 이상의 아이디어가 쏟아져 들어온다. 그보다 더 놀라운 사실은 그 중에서 90%가 실행에 옮겨진다는 점이다. 역시 양이 중요하다는 것을 알 수 있다.

발명가 토머스 에디슨은 엄청난 횟수의 실험을 실시했다. 전구 개발을 위해 9천여 회 이상, 축전지를 발명할 때는 5만 번 이상의 실험을 했다. 자신의 이름으로 1,090건이 넘는 특허가 등록되어 있는 에디슨은 여전히 발명 특허 분야의 세계 기록 보유자이기도 하다. 사후에는 각종 아이디어와 낙서로 가득 찬 공책이 3,500권이나 발견되었으며, 그의 놀라운 발명품들은 이후 수많은 과학적 발명품의 기초가 되었다. 피카소는 무려 2만 점이 넘는 작품을 남겼으며, 바흐는 최소한 한 주에 한 곡씩 작곡했다. 위대한 천재들은 결과물의 '질'뿐만 아니라 '양'도 엄청났던 것이다. 때로는 셀 수 없을 만큼 수많은 시도를 해야 위대한 결과가 나오는 법이다.

브레인스토밍을 하거나 창의적 기법을 이용할 때 최고의 아이디어는 최초 스무 개, 혹은 백 개 이상이 되어도 나오지 않을 수 있다. 숫자가 많아진다고 아이디어의 질이 떨어지는 것은 아니다. 오히려 뒤로 갈수록 더욱 획기적인 아이디어가 나오고, 그것이 최상의 해결책으로 연결된다.

아이디어와 제안이 산처럼 쌓여 있을 때, 우리는 어떻게 하는가? 그것을 분류하고 분석하여 가장 가능성이 높은 것을 시도할 것이다. 가장 먼저 아이디어를 평가하는 기준을 세운다(97쪽, '06. 브레인스토밍 회의 – 아이디어 평가하기'를 참조하라). 그리고 가장 성공 가능성이 높은 아이디어를 기술적 실현 가능성과 고객 수용 가능성, 그리고 수익성의 관점에서 철저하게 진단한다.

다음으로 아이디어 평가 과정을 통과하면 신속하게 시제품 제작 단계로 나아간다. 이렇게 함으로써 적자생존의 원칙이 지배하는 냉혹한 시장에서 제품을 시험할 수 있다. 한편 채택하지 않았더라도 특별한 아이디어들은 따로 데이터베이스에 저장해 두었다가 조금 더 깊이 있게 분석해 본다. 나중에 그 아이디어를 다시 꺼내 적용하거나 다른 것과 결합시켜 더욱 가치 있는 것으로 만들 수 있는 방법을 찾을지도 모르니까.

14| 색다른 장소에서 아이디어 회의를 하라

아이디어 회의에 활력을 높일 수 있는 방법으로 색다른 회의 장소를 고르는 것이 있다. 회사 내의 회의실이 모이기 쉽고 편리하지만, 동시에 익숙하고 지루하며 자극이 부족한 곳이기도 하다. 또한 쉬는 시간이 되면 각자 자기 자리로 돌아가 이메일을 확인하거나 동료들과 수다를 떨기도 한다.

이러한 문제점에 대한 대안으로 흔히 찾는 곳이 가까운 호텔 회의실이다. 하지만 이것도 그렇게 좋은 방법은 아니다. 호텔 회의실은 하나같이 밋밋하고 차분한 느낌에 지루하기까지 하다. 따라서 조금 색다른 곳을 회의 장소로 고르면, 참가자들에게 사무실을 벗어난 곳에서 생각해 볼 수 있는 환경을 만들어 줄 수 있다.

창의적 사고를 목적으로 하는 회의에 적합한 장소를 몇 곳 소개하면 다음과 같다.

> ● 동물원 : 참가자들이 동물원을 돌아다니며 동물 한 가지를 고른다. 얼마 후 다시 모여 자신이 고른 동물이 회사의 사업 모델이 되어야 하는

이유에 대해 설명한다. 동물의 속성에 초점을 맞춰 생각하는 것이 중요하다. 예를 들어 다음과 같이 설명할 수 있겠다.

"부엉이는 시력이 뛰어나다. 지금처럼 미래가 불투명할 때, 우리에게 필요한 것은 상황을 꿰뚫어보는 능력이다."

◈ **미술관이나 박물관** : 사업상의 문제점을 알려준 후 참가자들이 전시장 안을 돌아다니며 그림이나 예술작품에서 영감과 자극을 얻는다. 모두 아이디어로 가득 차 돌아온다.

◈ **스포츠 경기장** : 참가자들이 경기장 안을 돌아다니면서 관련 사진이나 기록 등을 돌아본다. 스포츠에는 사업에 비유할 만한 것이 풍부하다.

◈ **궁궐이나 성** : 역사에서 어떠한 교훈을 얻어 그것을 현재에 적용할 수 있는가? 위대한 기업가, 리더, 혁신가, 국가를 세운 사람들이 지금 우리가 안고 있는 문제점과 맞닥뜨린다면 어떻게 해결했을까?

존 R. 호크John R. Hoke는 나이키의 디자인 총책임자다. 그가 팀원들의 창의력을 자극하기 위해 사용하는 방법 중에 '디자인 영감 여행'이라는 것이 있다. 그는 팀원들을 동물원에 보내 동물의 발을 관찰하여 스케치해 오도록 한다. 혹은 유리 조형 예술가 데일 치훌리Dale Chihuly의 작품에 대한 강의를 하기도 하고, 도자기 공예가 에바 지젤Eva Zeisel을 초청하여 그의 작품 세계에 대해 토론하기도 한다. 그는 마치 성지를 순례하듯 매년 디트로이트 자동차 쇼에 가는데, 그것은 자동차를 사랑하기 때문이 아니라 자동차의 매끈한 선과 스타일, 색상 등에서 영감을 얻기 위해서다. 그는 이렇게 말한다.

"나는 매년 쇼에 가지만 차는 보지도 않아요. 내가 보는 것은 형태와 마감재, 그리고 실루엣이죠. 그리고 각종 재료가 어떻게 합쳐져 있는지, 색상의 깊이는 어떤지를 살펴봅니다."

그는 종이가 하중을 얼마나 견뎌낼 수 있는지에 의문을 품고 종이접기 세계에 잠시 발을 들여놓은 적도 있었다. 팀의 디자이너들은 보드지로 인체공학적 의자를 설계하는 과제를 받았다. 풀 대신 종이를 접고 구부리는 것에 온 힘을 쏟아야 했다. 호크는 평가의 난이도를 더 높였다. 과제물이 의자 뺏기 놀이를 할 수 있을 정도로 튼튼한지를 판단해 점수를 매기는 것이었다. 그래서 이스라엘의 종이접기 전문가를 강사로 초빙하기도 했다. 그는 〈비즈니스위크〉와의 인터뷰(2005년 11월 28일자)에서 이렇게 말했다.

"디자이너들에게 사흘 동안 종이만 접게 했죠. 하지만 그 시간에 나온 아이디어는 정말 경이적이었어요. 덕분에 유연성과 기하학에 대해 더 깊이 생각할 수 있었어요. 자르고 꿰매는 대신 주름잡고, 접고, 구부리는 것도 나쁘지 않잖아요?"

환경의 변화는 태도의 변화를 가져온다. 그러므로 사무실 환경을 바꾸거나 완전히 새로운 회의실을 이용해 보는 것도 좋은 방법이다. 참신한 장소가 참신한 생각을 불러일으킬 것이다.

15 판세를 뒤집는 새로운 사업 모델을 찾아라

기존의 사업을 완전히 다른 방식으로 운영할 방법이 있는가? 만약 경쟁자들이 모두 비슷한 방식으로 접근하고 있다면, 고객의 욕구를 충족시킬 수 있는 차별화된 접근 방식이 있는가?

1980년대 초반 PC 업계를 주도하고 있는 제조사로 IBM, 컴팩, 도시바, 휴렛 팩커드와 올리베티 Olivetti가 있었다. 그들의 사업 모델은 모두 비슷했다. 표준 사양에 맞추어 컴퓨터를 만들고, 그것을 유통 회사를 통해 최종 사용자들에게 판매하는 방식이었다. 이때 마이클 델 Michael Dell이 색다른 사업 모델을 생각해냈다. 그는 최종 사용자가 메모리, 디스크 용량, 부가 기능 카드 등을 직접 선택하게 한 후 주문에 맞추어 컴퓨터를 제작했다. 이러한 사업 방식은 유통 과정에 머물고 있는 재고율을 없앴기 때문에, 델의 재고 수준은 경쟁 업체들에 비해 현저히 낮았다. 부품 가격이 계속해서 떨어지고, 사양은 점점 높아지는 컴퓨터 시장에서 이것은 엄청난 강점이었다.

제프 베조스 Jeff Bezos는 인터넷이라는 공간에서 완전히 새로운 개념의 도서와 음반 유통 모델을 개발하여 인터넷 서점 아마존 Amazon

을 설립했다. 지금까지의 도서, 음반 소매업은 판매할 장소와 재고 때문에 지출 비용이 높았다. 때문에 전통적 방식의 서점은 아마존의 엄청난 도서 보유량과 뛰어난 검색 방식, 고객의 구미에 맞춘 추천 기능과 빠른 배송 시스템과 경쟁할 수 없게 되었다.

ARM은 1990년에 소규모 마이크로프로세서 제조 회사로 시작하여 같은 사업 분야에 있는 IBM, 인텔, 모토롤라 같은 거대 기업과 경쟁했다. ARM은 매우 획기적인 접근 방식을 취했는데, CEO인 로빈 색스비 Robin Saxby 는 〈엔지니어링 앤드 테크놀로지 Engineering and Technology〉 2006년 7월호에서 다음과 같이 말했다.

"우린 자본이 거의 없었어요. 그래서 우리 이름으로 국제 표준을 만들 수 있는 유일한 희망은 디자인을 판매하여 막강한 적들을 동지로 바꾸는 것이었죠. 그렇게 해서 ARM의 입지가 완전히 달라졌어요. 우리의 오픈 라이선스 사업 모델과 기업 간 협력의 힘이 세상을 바꿔놓은 셈이죠."

2006년 현재 전 세계 휴대폰의 98%가 ARM에서 개발한 프로세서를 적어도 하나 이상 사용하고 있으며, 인텔을 포함해 수백 개의 기업이 ARM의 디자인을 사용하고 있다.

어떻게 하면 사업 모델을 바꾸어 경쟁자를 완전히 뛰어넘고, 획기적인 서비스로 고객을 감동시킬 수 있을까? 이에 관해서는 뒤이어 나올 '16. 누가 우리를 밀어 낼 것인가'에서 조금 더 깊이 다루어 본다.

16
누가 우리를
밀어 낼 것인가?

혁신은 크게 점진적 개선과 급진적 혁신, 둘로 나눌 수 있다. 점진적 개선은 상품, 업무 방식, 프로세스, 서비스, 협력 체계 등을 기존 상태에서 향상시키는 형태다. 고객 불만이나 제안 사항이 이러한 점진적 개선을 위한 아이디어의 원천이 된다. 조직 내에서 근무하는 사람들도 마찬가지다. 고객들에게 자사 제품에서 개선해야 할 점을 묻거나 팀원들에게 생산 프로세스의 개선점을 묻는다면 수많은 제안을 내놓을 것이다.

기업에서 대부분의 조직은 점진적 개선에 아주 능하다. 하지만 급진적 혁신을 잘하는 조직은 거의 없다. 조직 관리의 대가 게리 하멜의 말을 빌리자면, 수많은 조직이 지금보다 나아지는 것은 잘하지만 지금과 완전히 달라지는 것은 잘 못한다고 한다. 세계적인 경영학자 클레이튼 크리스텐슨은 성공적인 조직에서 성공의 기반을 뒤흔들 혁신을 시도하는 것은 매우 어렵다고 말한다. 그래서 성공적인 기업이 소규모 기업에서 획기적인 신기술을 가지고 등장하면 경쟁을 이기지 못해 밀려나기도 한다. 1990년대에 성공 가도를 달리던 통신 회사에서 근무하던 사람들 중에 그 누가 인터넷 전화를 개발해야 한다고 생각했겠는가? 하지만 스카이프Skype라는 신생 기업이 그러한 획기적 아이디어를 들고 시장에 진입했다.

어떻게 하면 팀원들이 급진적 혁신에 동참하게 만들 수 있을까? 그렇게 하려면 창의력 향상을 목표로 아이디어 회의를 여는 것도 좋다. 그 자리에서 "누가 우리를 없앨 것인가?"라고 질문을 던져라. 팀원들을 소규모 그룹으로 나눈 다음, 그들로 하여금 고객이 원하는 것을 완벽하게 제공할 수 있는 새로운 사업 모델을 구상하게 하라. 또한 각각의 팀으로 하여금 우리를 대체하거나 망하게 할 매우 강력한 기업의 시나리오를 발표하게 하라. 지금 우리 사업을 방해하는 그 어떤 장애물도 없다고 가정하고, 막강한 경쟁자를 그려보라. 극단적으로, 현재 자사의 사업 모델과 완전히 동떨어져서 상상하게 하라. 이러한 활동은 팀원들에게 강력한 자극이 되고, 몇 가지 새로운 혁신 방안을 찾아내게 될 것이다.

당신이 리더라면 혁신에 실패하여 경쟁에서 밀려난 기업의 사례를 들어 팀원들을 자극하라. 팀원들에게 그런 기업의 사례를 말하게 할 수도 있다. 냉장고가 발명된 후 망해버린 얼음 생산 회사, 자동차가 나오고 나서 밀려난 마차 회사, 인터넷 다운로드로 위협받고 있는 음반 회사, 아마존에 밀려 파산한 서점 등 그런 기업의 예는 수없이 많다.

신기술뿐만 아니라 패션이나 인구 동향 변화, 시장 진입 루트, 경쟁 판도 변화 등 경쟁에서 탈락하도록 만드는 다른 영향력에 대해서도 생각해 보자. 아니면 증기선 사업가였던 아서 앤더슨Arthur

Anderson, 엔론Enron, 폴라로이드, 팬암 항공사, 맥도날드에 무슨 일이 일어났는지 생각해 보자. 그런 다음 각 팀이 우리 사업을 파산하게 만들 수 있는 영향력에는 어떤 것들이 있는지 아이디어를 낸다. 지금 회사에서 고객에게 제공하고 있는 편의를 동일하게 유지하면서도 완전히 새로운 방법을 생각해야 한다. 여러 가능성을 찾아낸 다음, 그 중에서 가장 강력한 것을 선택한 후 그것이 어떻게 사업에 적용될 수 있는지 분석해 본다.

전산 시스템 컨설팅 회사에서 혁신에 관한 워크숍을 실시했을 때, 한 팀에서 자사의 독점 방식이 완전히 공유화되는 시나리오를 내놓았다. 그리고 자사의 컨설팅 서비스 대부분을 인도의 한 IT 회사가 더 간편하고 저렴하게 인터넷으로 제공할 수 있다는 추가 시나리오를 발표하기도 했다. 어느 인재 교육 전문 회사에서는 마이크로소프트와 하버드 경영대학원, 위성 TV 회사가 협력하여 멀티미디어 교육 프로그램을 출시함으로써 자사를 밀어내는 예측 시나리오를 내놓기도 했다.

일단 우리 사업을 밀어낼 수 있는 가상의 사업 모델을 생각했다면, 한 발 더 나아가 다음과 같은 사항을 분석해 볼 필요가 있다.

만약 그것이 실현 가능하다면, 우리는 어떻게 해야 하는가? 그러한 사업 모델을 개발하고 실행할 가장 좋은 매체는 무엇인가? 그 사업 모델이 실현 가능하다면, 우리가 직접 시작할 것인가? 그러한 사업체를 인수할 것인가? 아니면 우리 방식을 바꿔야 하는가? 혹은 그 외에 다른 조치를 취해야 하는가?

대부분의 기업 조직은 자신의 기반을 뒤흔들 수 있는 아이디어에 본능적으로 저항하게 되어 있다. 많은 사람들이 왜 그러한 아이디어를 생각조차 할 필요가 없는지에 대해 타당한 이유를 늘어놓기 시작할 것이다. 그러한 아이디어를 수용할 뿐만 아니라 적극적으로 장려하고 개발하는 문화로 바꾸는 것은 매우 어려운 일이다. 그런 점에서 "우리를 없앨 자가 누구인가?"라는 질문은 획기적인 혁신으로 나아가기 위한 첫걸음이 될 것이다.

17

위대한 혁신은
기존의 경로를 뛰어넘는 것이다

획기적인 성공을 거둔 비즈니스 혁신 중에는 기업이 고객에게 접근하기 위해 새로운 방법을 찾는 과정에서 발견해 낸 것이 많다. 19세기 후반, 미국 교외에 살던 사람들은 필요한 것이 있으면 시내에 있는 상점으로 나가야 했다. 상품의 종류도 적었으며, 가격도 모두 비쌌다. 이때 철도 회사의 젊은 팀원이었던 리처드 시어스Richard Sears가 새로운 접근 방법을 시도하기로 했다. 그는 시계 제조업자였던 알바 로벅Alvah Roebuck과 함께 우편 주문 판매업을 시작했다. 처음에는 시계와 보석, 액세서리 위주였지만, 해를 거듭하면서 좀 더 다양한 상품을 취급하게 되었다. 그들은 상품을 배송하는 수단으로 철도와 우편 네트워크를 이용했다. 이러한 판매 방식은 고객들에게 엄청난 관심을 불러일으켰고, 훗날 시어스 로벅Sears Roebuck은 세계에서 가장 큰 소매업체가 되었다.

1886년 당시 서적 판매원이었던 데이비드 맥코넬David McConnel은 화장품을 판매할 새로운 방법을 찾았다. 그리고 화장품 영업사원이었던 앨비 부인이 최초의 방문판매원인 에이본 레이디Avon Lady가 되었다. 에이본은 여성 방문판매원으로 구성된 판매망을 이용하여 고객의 집을 직접 방문해 화장품을 판매함으로써 급속도로 성장했다. 1928년이 되자 에이본의 영업사원은 2만5천 명으로 늘어났다. 그 후로도 에이본은 계속해서 성장했고, 꾸준히 여성 인력을 늘렸다. 이제는 〈포춘Fortune〉지가 선정한 500대 기업 중 가장 많은 여성 임원을 보유한 기업이 되었다. 통계에 따르면 미국 여성 중 90%가 최소한 번 이상 에이본에서 제품을 구매했다고 한다.

1959년 고교 동창이었던 제이 밴 앤델Jay Van Andel과 리치 디보스Richard DeVos가 '암웨이Amway'라는 기업을 설립했다. 암웨이는 '미국 방식'이라는 뜻의 '아메리칸 웨이American Way'를 축약한 말이다. 그들은 다단계 마케팅이라는 획기적인 영업 방식을 도입했다. 그들은 암웨이 제품을 취급하는 사람들에게 영업권 소유 개념을 함께 판매했고, 그들이 지인들에게 이러한 사업 모델의 장점을 설득하여 더 많은 회원을 확보하도록 했다. 이 사업은 기하급수적으로 성장했다. 상품이 오히려 부차적이고, 이러한 판매 네트워크 모델을 판매하는 것이 주요 사업이었다. 이제 암웨이는 전 세계 80여 개 국가에 3백만 명 이상의 회원을 갖춘 자본 규모 수십억 달러 상당의 기업이 되었다.

1990년대 초반 마이크로소프트가 대리점과 도소매 사업자를 통한 데스크톱 컴퓨터 판매로 소프트웨어 시장을 지배하고 있을 때였다. 새로운 소프트웨어를 판매하고자 하는 사람들은 누구나 시장 진입에 엄청난 어려움을 겪었다. 이때 넷스케이프Netscape라는 조그만 기업 하나가 기존의 지배적 유통 경로를 건너뛰는 새로운 방법을 찾아냈다. 그것은 바로 자사의 인터넷 브라우저 '네비게이터 ^{Navigator}' 를 인터넷에서 무료로 다운로드 받을 수 있게 한 것이었다. 그들은 기업용과 개발용 버전에만 요금을 매겼다. 당시 이것은 혁명적인 소프트웨어 판매 방식이었고, 넷스케이프는 인터넷 브라우저 시장을 주도하는 기업 중 하나가 되었다.

우리는 새로운 상품이나 서비스의 관점에서만 혁신을 생각하는 경향이 있다. 하지만 시장으로 진입하는 새로운 길을 발견하면 조금 더 효과적으로 경쟁 우위를 차지할 수 있다. 우리가 오늘 만나는 고객이나 미래에 접할 고객 모두에게 새롭게 다가갈 수 있는 방법은 분명히 있다. 이러한 문제에 시간을 투자하고 브레인스토밍을 함으로써, 고객에게 접근할 수 있는 새로운 길과 상품을 판매할 수 있는 새로운 접근 방법을 찾아보라. 그것이 바로 당신이 투자한 최고의 혁신이 될 지도 모를 일이다.

18 | 다음엔 무엇이 따라올 것인가?

뛰어난 혁신가들은 변화의 흐름을 미리 예측한 것처럼 보일 때가 많다. 마치 예지 능력이 있어서 적절한 때 적절한 곳에 자리를 잡고, 고객들이 다음으로 원할 상품이나 서비스를 내놓는 것처럼 말이다. 도대체 그들은 어떻게 미래를 내다보고 고객들이 원하는 것을 미리 알아내는 것일까? 사실 그들에게 그러한 능력이 있는 것은 아니다. 다만 그들은 현재 일어나고 있는 일을 자세히 관찰하고, 그 안에서 새로운 기회를 찾아낼 줄 안다고 보는 것이 맞겠다. 작가 윌리엄 깁슨William Gibson은 "미래는 이미 현재에 일어나고 있다. 단지 골고루 알려지지 않았을 뿐이다."라고 말한 바 있다.

소수의 사람들이 오늘 하고 있는 일을 대다수의 사람들은 내일이 되어야 비로소 시작한다. 여기서 우리가 할 일은 그 소수를 찾아내는 것이다. 그렇게 하기 위해서는 변화의 흐름을 이해하는 능력을 개발해야 한다. 늘 열린 마음자세를 유지하고 다양한 정보를 받아들여라. 인터넷을 뒤지고 블로그를 접하라. 다양한 잡지를 읽고 여러 나라를 여행하며 새로운 사람을 만나라. 자신의 전문 분야와 흥밋거리를 넘어 다른 곳을 탐험하라.

그리고 새로운 변화의 흐름을 만나면, 그것이 의미하는 바가 무엇인지 자문해 보라. '다음엔 무엇이 따라올 것인가?'

자동차의 발명은 사람들이 여러 교통수단을 이용해 더 빨리 이동할 수 있게 되었다는 의미였다. 그에 따라 사람들이 직장으로부터 점점 더 멀리 떨어져 살 수 있게 되었고, 교외로 주거 지역이 확산되는 2차 효과가 파생되었다.

전구가 발명되어 양초가 자취를 감추었고, 사람들은 일찍 잠자리에 들지 않아도 되었다. 그것은 사람들이 밤늦은 시간까지 책을 읽거나 불이 밝혀진 거리로 나가 저녁 시간을 즐길 수 있게 되었다는 의미였다.

인터넷의 사용은 컴퓨터 사용자들을 하나로 묶는 효과를 가져왔다. 이러한 흐름을 읽은 제프 베조스는 사람들이 물건을 조금 더 쉽게 살 수 있을 것이라고 생각해 아마존을 설립했다. 피에르 오미디어 Pierre Omidyar 는 인터넷을 통해 사람들이 한데 모여 경매에 참여할 수 있다는 사실을 깨닫고 이베이 eBay 를 설립했다.

새로운 변화의 흐름에는 그에 따르는 후속 효과와 영향, 변화가 일어남으로써 다양한 기회와 위협 요인들을 만들어 내기 마련이다. 사업에 변화가 생길 때마다 '만약 이렇게 된다면 어떨까?' 라고 자문하고 생각해 보라. 만약 이것이 엄청난 유행이 된다면 어떨까? 뒤를 이어 어떤 일이 일어날까?

19

빼고 줄이는 것이
혁신의 정답이다

혁신을 추진할 때 가장 좋은 방법은 자사 상품이나 서비스에 새로운 기능을 추가하는 것이라고 생각하기 쉽다. 자사 상품의 가치를 높이기 위해 무엇을 덧붙일 수 있을까? 하지만 이러한 접근 방식은 추가 비용이나 기능 과다, 고객의 거부감 등으로 쉽게 연결되기도 한다. 때로는 빼고 줄이는 데 정답이 있다.

라이언 항공Ryanair의 설립자 마이클 오리어리Michael O' Leary는 항공 운송 사업을 새로운 관점에서 바라보는 한편, 추가 비용이 발생하는 모든 허식을 배제함으로써 새로운 사업 모델을 만들었다. 그가 없앤 것들은 다음과 같다.

> ❯ 여행사 – 고객이 인터넷으로 직접 항공사에 예약할 수 있도록 하여 중개자를 없애고 비용을 줄였다.
> ❯ 티켓 – 고객이 여권을 보여주고 예약 번호를 말하면 된다. 티켓을 발급하지 않음으로써 비용을 절감했다.
> ❯ 지정 좌석 – 지하철이나 버스처럼 비행기에 탑승하면 원하는 좌석에

않는다.

- ❯ 무료 음료와 간식 – 음료수를 원하는 고객은 돈을 내야 한다.
- ❯ 고객 서비스 – 라이언 항공은 승객 수 기준으로 브리티시 항공과 비교 했을 때 10분의 1 정도의 승무원만 운영한다. 고객 불만 사항이 제기되 면 응답은 대체로 다음과 같다고 보면 된다. "미안하지만 이렇게 싼 값 에 비행기를 타면서 지나친 기대를 한 것 아닌가요?"

커브스Curves는 미국의 헬스클럽 체인이다. 이곳은 경쟁 헬스클럽 에서 일반적으로 갖추고 있는 것들을 과감히 없앰으로써 큰 성공을 거두었다. 먼저 남성 고객을 배제하여 잠재 고객을 반으로 줄였다. 또한 수영장과 사우나, 탈의실, 여성 고객들의 이용 빈도가 낮은 운 동 기구들을 없앴다. 그리고 여성이 진정으로 원하는 운동 기구와 운 동 프로그램에 초점을 맞추어 고객이 지불하는 요금 대비 가치를 높 임으로써 경쟁이 치열한 헬스클럽 시장에서 주도권을 쥘 수 있었다.

비용을 줄이고 운영을 단순화하기 위해 지금 우리 사업에서 없앨 수 있는 것은 무엇인가? 기존의 상품을 분리하여 개별적으로 판매 할 수 있는 방법이 있는가? 불필요한 비용이나 고객이 원하지 않는 단계를 없앨 수 있는가? 스코틀랜드의 통신 판매 보험 회사인 다이 렉트 라인Direct Line, 아마존, 라이언 항공처럼 중개자를 거치지 않고 고객에게 직접 접근할 수 있는 방법이 있는가? 실제로 영국의 에그 Egg나 퍼스트 다이렉트First Direct 은행은 과거 은행에 큰 재정적 부담 이 되었던 영업점을 모두 없애고 온라인 뱅킹 서비스를 제공하여 비 용 효율을 높였다.

심지어는 우리가 하던 일을 고객이 하도록 만들 수도 있다. 1920년대에는 슈퍼마켓이 엄청난 혁신이었다. 여기서 핵심 아이디어는 고객이 찾는 물건을 팀원들이 가져다주지 않고 고객이 직접 가져오게 한 것이었다. 스웨덴의 가구 회사 이케아IKEA에서 이러한 아이디어를 새롭게 재탄생시켰다. 고객이 가구 조립을 하는 조립공의 역할뿐만 아니라 창고에서 원하는 제품을 가져오는 창고 관리인의 역할까지 겸하게 한 것이다.

DIY 사업 자체가 과거에 기업에서 해주던 일을 고객이 직접 하도록 한 것에서 비롯된 것이다. 이베이는 고객이 직접 광고를 내고, 재고를 관리하고, 판매와 배송을 처리하며, 심지어 다른 고객들에게 추천까지 하게 만들었지만, 사업은 자로 잰 듯 정확하게 굴러가고 있다. 서비스라는 책임을 고객에게 전가하여 엄청난 성공을 거둔 것이다.

기존의 자사 제품을 새롭게 만들거나 개선할 기회가 생기면, 그저 새로운 기능이나 서비스를 추가하는 것에만 그치지 마라. 해당 공정이나 상품을 줄이거나 없앨 수 있는 방법에 대해 생각해 보라. 어떻게 하면 더 단순화하고, 비용이 덜 들어가며, 고객의 시선을 잡아끌 수 있을까?

20

문제 안에 숨겨져 있는
해답을 찾아라

죄수 두 명이 탈옥하려고 감방에 25m 길이의 터널을 팠다. 그들
은 파낸 흙을 어디에 숨겼을까? 이것은 SIT 컨설팅 그룹의 로니 호
로비츠Roni Horowitz가 '체계적 혁신 사고Systematic Inventive Thinking, SIT'
의 장점을 소개하기 위해 든 예다.

정답은 바로 터널 안에 숨기는 것이다. 그 죄수들은 교도소 주방
에서 비닐 부대를 훔쳐 터널에서 나온 흙을 부대 안에 담았다. 감방
을 검사하는 시간이 되면 그들은 흙이 가득 찬 부대를 터널 안에 도
로 집어넣고 방 안을 깨끗하게 정리했다. 죄수들이 탈옥하고 난 뒤
남은 것은 흙 부대로 꽉 찬 감방과 텅 빈 터널뿐이었다.

이것은 문제를 푸는 열쇠가 바로 그 문제나 환경 속에 있다는 SIT
의 원칙 중 하나를 설명하는 좋은 예다. 죄수들은 사용할 수 있는 자
원이 매우 적었지만, 그 중 하나인 터널을 매우 효과적으로 활용했
던 것이다.

문제를 해결하는 데 쓸 수 있는 자원이 무궁무진하다면, 누구나
쉽게 해결책을 찾아낼 수 있다. 하지만 이때 해결책은 매우 비싸거

나 엄청난 기술력이 필요할 가능성이 높다. 그러나 문제 자체나 주변 환경에서 발견한 자원만 써야 한다면, 우리는 어쩔 수 없이 창의력을 발휘해야 한다. 이때 나오는 결과는 대체로 명쾌하고 저렴하며 효과적이다. 흙을 숨기는 데 터널을 이용한 것이 아주 훌륭한 사례라고 할 수 있겠다.

1차 걸프전 막바지에 쿠웨이트의 한 정유 공장에서 불이 나 걷잡을 수 없이 번졌다. 불을 끄는 데 무엇을 이용했을까? 제시된 해결책 중 하나는 모래였다. 하지만 곧 더 나은 해결 방안이 나왔다. 원래 석유를 운송하던 파이프라인을 이용해 물을 정유 공장으로 뿜어 보낸 것이다. 기존의 자원을 이용하되 그 방향을 바꾼 것만으로 문제가 해결되었다.

연구원들은 제약이 심한 환경에서 해결책을 곧잘 찾아낸다. 폭스바겐에서 자동차 비틀Beetle을 개발할 당시 그들은 자동차 앞 유리 세척액을 뿜어내는 데 드는 동력을 어디서 가져올 것인지 고민에 빠졌다. 결국 한 설계자가 획기적인 해결책을 제시했고, 그것은 바로 자동차 앞바퀴에서 나오는 공기압을 이용하는 것이었다.

교묘한 방법으로 내부 자원을 이용하는 사람은 비단 제조회사만이 아니다. 2005년 아일랜드의 분리주의 단체인 IRA가 벨파스트의 노던Northern 은행을 습격해 현금 2천5백만 파운드를 털어 달아난 사건이 있었다. 당국은 어떻게 이들이 훔친 돈을 사용하지 못하게 막았을까? 그들은 문제 속에 숨겨져 있던 자원인 돈을 이용하는 기가 막힌 아이디어를 생각해 냈다. 그것은 바로 북부 아일랜드의 통화를 바꾸어 지폐를 모두 새로 찍어내는 것이었다. 구 지폐를 가지고 있는 사람은 은행에 가지고 와 새 지폐로 모두 바꾸게 했다. 훔친 돈을 수백만 파운드나 가지고 있는 사람들이라면 큰일 아닌가.

그렇다면 이러한 접근법을 실제 문제 해결에 어떻게 이용할 수 있을까? SIT에서 가르치는 또 다른 방법은 문제를 잘게 쪼개어 서로 연관된 부정적 요소로 나누는 것이다. 그리고 나서 현재 사용 가능한 자원을 차례대로 생각해 본다. 그리고 그것이 부정적 요소 중 어느 것을 막거나 요소들의 관계를 깨는 데 사용할 수 있는지 자문해 본다. 그런 다음 여러 가지 아이디어를 낸다. 이러한 기술을 정확하고 창의적으로 활용한다면 독창적인 해결책을 쉽게 찾아낼 수 있을 것이다.

여기 한 기업의 면접시험에서 사용한 딜레마 문제가 있다.

폭풍우가 몰아치는 밤, 당신은 좌석이 두 개뿐인 차를 운전해 길을 가고 있다. 도로의 버스 정류장을 지나는데 버스를 기다리고 있는 사람 셋이 보인다.

1. 금방이라도 쓰러질 것 같은 할머니
2. 내 목숨을 구해준 적이 있는 옛 친구
3. 당신이 꿈에 그리던 이상형

차에 태울 수 있는 사람은 한 명뿐이다. 당신이라면 어떻게 하겠는가?

다양한 답이 나왔는데, 그 중 한 명의 답변이 최고였다. 그는 문제에 등장한 자원을 매우 이상적으로 사용했다. 그의 대답은 다음과 같다.

"저라면 차 열쇠를 옛 친구에게 주고 할머니를 병원에 모시고 가게 하겠어요. 저는 정류장에 남아 제가 꿈에 그리던 여자와 함께 버스를 기다리겠습니다."

'삶이 레몬을 던져 준다면 그걸로 레모네이드를 만들어라.' 라는 속담이 있다. 지금 내 손에 있는 제한된 자원에 대해 불평하기 전에 그것을 최대한 활용하라. 다음에 까다로운 문제와 맞닥뜨리면 수평적 사고를 시도하라. 그리고 지금 있는 자원을 이용하여 어떻게 문제를 돌파하거나 돌아갈 수 있을지 살펴보자. 해결책이 바로 문제 안 어딘가에 숨겨져 있을지도 모르니까.

21 | 극단적이고 엉뚱한 질문을 던져라

창의적인 사람들은 현재 상황의 규모를 가늠하고 전통적인 접근 방식에 도전하기 위해 수평적 사고를 이용한다. 이미 소개된 다양한 아이디어 생산 기법 또한 신선한 발상을 자극하기 위해 수평적 사고의 기본 요소를 이용하고 있다.

"만약 ~라면?" 이런 질문은 아이디어 생산뿐만 아니라 문제 분석과 탐구에 사용될 수 있다. 이러한 방식으로 회의를 진행할 때는 문제의 모든 측면에 대해 "만약 ~라면?" 같은 형태의 질문을 던진다. 또한 질문은 터무니없고 흥미를 유발할수록 좋다. 예를 들어, 영업부 팀원이 10명이고 상대하는 고객이 200명 정도인 중소기업에서 창의력 워크숍을 열었다고 가정하자. 주제는 '어떻게 하면 매출을 두 배로 높일 수 있는가?' 이다. 이때 나올 수 있는 질문은 다음과 같다.

◉ 만약 고객이 한 명뿐이라면?

◉ 만약 고객이 백만 명이라면?

◉ 만약 마케팅 예산에 한도가 없다면?

- 만약 마케팅 예산이 전혀 없다면?
- 만약 우리 제품이 무료라면?
- 만약 우리 제품의 가격이 현재 가격의 세 배라면?
- 만약 영업사원이 자신의 수당을 직접 정할 수 있다면?

"만약 고객이 한 명뿐이라면?" 이 질문은 우리가 그 고객에게 최고의 서비스를 제공해야 하고, 기존에는 관심을 기울이지 않던 다양한 요구에 부응해야 한다는 뜻이 된다. 여기에서 별의별 아이디어가 나올 수 있다. 또한 고객이 백만 명 있다면 그들에게 서비스를 제공할 다른 방법, 즉 대면 서비스 대신 인터넷이나 자동화 방식 등을 찾아야 한다는 의미로 해석할 수 있다. 이러한 방식으로 각각의 질문을 통해 새로운 아이디어가 떠오르면 현재 상황을 가로막는 규칙이나 제약에 도전할 수 있다.

문제점을 하나 정한 후 그와 관련하여 "만약 ~라면?"이라는 질문을 스무 개 이상 만들어라. 그런 다음 한 번에 하나씩 창의적인 아이디어를 만들어라. 질문과 같은 상황이 닥치면 어떤 결과가 나올 수 있겠는가? 우리는 그럴 때 어떤 조치를 취할 수 있겠는가? 그러고 나서 나온 아이디어들을 분석하고 평가하라. 그 중 몇몇은 지금까지 생각하지 못했던 신선한 발견으로 연결될 것이다. 질문을 만드는 단계에서 사람들이 극단적으로 치닫거나 엉뚱한 생각을 많이 할수록 좋은 결과가 나온다는 점을 명심하라.

22 | '꾸러미 돌리기'에서
해답을 찾아라

　여기에서는 '꾸러미 돌리기Pass the parcel'라는 아이들의 놀이에서 나온 강력한 아이디어 생산 기법을 소개한다. 시간이 오래 걸리지 않고 재미있으며, 보통 여러 개의 훌륭하고 획기적인 아이디어를 끌어낼 수 있다. 브레인스토밍 회의에서 평범한 아이디어만 나온다면 이 방법을 시도해 보자.

　보통 네 명에서 여덟 명 정도로 된 그룹이 가장 좋다. 공동의 문제점을 각자 종이 상단에 쓴다. 그런 다음 정말 터무니없고 희한하며, 실행 불가능한 대책을 그 아래에 적는다. 이 단계에서는 합리적이거나 논리적인 아이디어를 써선 안 된다. 이 아이디어는 말도 안 되는 것이어야 한다. 그런 다음 모두 자신의 종이를 왼쪽에 앉은 사람에게 넘기고, 오른쪽에 앉은 사람의 종이를 받는다. 모두 자신 앞에 놓인 종이에 쓰인 아이디어를 바탕으로 또 다른 엉뚱한 아이디어를 그 밑에 적는다. 이것은 앞의 아이디어와 다르지만, 그 아이디어에서 비롯되어야 한다. 그런 다음 다시 자신의 종이를 왼편으로 넘기고, 오른쪽 사람의 종이를 넘겨받는다.

이렇게 해서 모든 사람이 말도 안 되는 아이디어가 두 개씩 적힌 종이를 앞에 두고 있다. 이번에는 이 두 가지 아이디어를 이용하여 역시 엉뚱하지만 사용 가능한 아이디어를 적는다. 다소 엉뚱하지만 자원을 투입하면 실현 가능한 아이디어가 될 수 있는 것이면 된다. 다시 한 번 종이를 왼편으로 넘기고, 이제 모든 사람이 앞에 놓인 아이디어를 이용해서 참신하고 사용 가능한 아이디어를 적는다. 동료에게 쉽게 제안할 수 있는 종류의 그런 아이디어 말이다. 이러한 과정이 끝나면, 돌아가면서 자신이 가지고 있는 종이에 쓰여 있는 네 가지 아이디어를 차례대로 발표한다. 이때 여기저기서 웃음이 터져 나올 것이다. 그런 다음 모든 최종 아이디어를 분석한 후, 그 중 한두 가지를 고르거나 몇 가지 아이디어를 합쳐 하나의 아이디어를 만든다.

예를 들어, 휴대전화 제조 회사의 문제점이 '어떻게 하면 모든 팀원들이 우리 제품의 홍보맨이 될 수 있을까?' 라고 가정하자. 종이 한 장에 차례대로 다음과 같은 아이디어가 나올 수 있다.

- 누군가 경쟁사의 휴대전화를 사용하고 있는 것을 보면, 그것을 가로채 바닥에 던져버린다.
- 누군가 경쟁사의 휴대전화를 사용하고 있는 것을 보면, 그것을 가로채 바닥에 던져 버리고 우리 전화기 한 대를 무료로 준다.
- 전 팀원이 매달 열 명에게 우리 전화기를 사용하도록 설득한다.
- 전 팀원에게 우리 전화기 무료 체험 쿠폰을 나눠 준다. 팀원들은 이것을 지인이나 새로 만난 사람들에게 준다. 매월 배포한 쿠폰이 가장 많

이 회수되는 팀원을 선정하여 무료 여행을 보내준다.

이 기법은 매우 재미있으며, 혁신적이고 창의적인 아이디어를 만들어낼 수 있다. 처음에는 각자 조용히 아이디어를 적다가 나중에 그룹 전체가 함께 웃고 즐기며 토론하기 때문에, 늘 같은 결과를 반복했던 전체 회의에 신선한 변화를 불어넣을 수 있을 것이다.

'꾸러미 돌리기' 기법은 3단계 또는 4단계로 나누어 진행될 수 있다. 꾸러미 돌리기 3단계 기법은 다음과 같은 방식으로 이용한다.

[그림 2] 꾸러미 돌리기 3단계 기법

문제점 :

1단계 – 터무니없고 희한하며 불가능한 아이디어

2단계 – 말도 안 되고 엉뚱하지만, 실현 가능한 아이디어(1단계 아이디어에서 비롯되어야 함)

3단계 – 창의적이고 사용 가능한 해결책(1~2단계의 두 가지 아이디어를 근거로 해야 함)

23 | 단 1퍼센트의 가능성도 주목하라

대부분의 사람들이 명백한 답이 보이는 곳에서만 새로운 기회를 찾으려 한다. 그들은 한결같이 다음과 같은 두 가지 질문을 던진다.

"어떤 시장에 현재 상품이나 서비스를 판매할 수 있을까?"

"새로운 상품이나 서비스를 현재 고객에게 판매할 수 있을까?"

물론 이것은 논리적으로 매우 타당한 질문이다. 누구나 이런 질문을 던지고, 그 대답에서 비롯된 가능성을 탐구해 보아야 한다. 하지만 거기에서 멈추면 안 된다. 잠재적인 다른 기회를 놓치고 싶지 않다면 말이다. 눈에 보이는 가까운 곳뿐만 아니라 언뜻 생소하거나 멀어 보이는 가능성들도 눈여겨 보자.

캐터필러 Caterpillar 사는 중장비 제조업 분야에서 확고한 선두 주자였다. 그러다가 1996년 '캣 Cat' 이라는 브랜드로 안전화를 판매하기 시작했다. 이것은 캐터필러의 중장비를 사용하거나 구매할 가능성이 전혀 없는 젊은 사람들에게 선풍적인 인기를 끌었다. 2000년까지 이 회사는 2천5백만 켤레 이상의 안전화를 판매했다. 이 기업은 이제 캣 브랜드를 이용하여 다양한 의류와 완구 사업에도 진출했다.

디즈니는 만화 영화 분야의 선두 주자였으나 테마 파크 사업에 뛰어드는 과감한 결정을 내렸다. 약간의 시너지 효과가 있겠지만, 두 가지가 시장에서 갖는 공통점은 사실 별로 없었다. 결국 이러한 시도는 엄청난 성공으로 이어졌고, 이후 디즈니는 '라이온 킹' 같은 뮤지컬과 디즈니 관련 제품 판매로 사업 영역을 확장했다.

리처드 브랜슨의 버진 그룹은 이러한 원칙을 매우 극단적으로 이용하고 있다. 이 그룹은 근접한 시장이나 상품만을 선택한다는 마케팅 원칙을 의도적으로 깼다. 음악 사업에서 시작한 버진 그룹은 항공, 철도, 은행, 콜라, 와인, 결혼 등 다양한 곳으로 분야를 넓혔다. 리처드 브랜슨이 세운 기업만 해도 200개가 넘는다. 이들의 공통점이라고는 공격적인 혁신과 다크호스 같은 브랜드 이미지뿐이다.

그렇다면 전혀 관계가 없어 보이는 가능성을 어떻게 찾아낼 수 있을까? 예상치 못한 주문이나 고객의 칭찬에 주목하라. 지금 우리 회사가 보유하고 있지만 판매하지 않는 기술이나 강점, 부가적인 서비스나 부산물 등에 주목하라. 그리고 우리가 진정으로 잘하는 것이 무엇인지 곰곰이 생각해 보라. 혹은 우리가 진정으로 열정을 보일 수 있는 분야는 무엇인가? 팀원과 고객에게 아이디어나 제안을 요청하라. 마지막으로 무엇보다도 다양한 가능성에 열린 마음마세를 지녀라.

24
모든 장애물을
무시하고 상상해 보라

골치 아픈 문제를 만났을 때는 아무런 제한이 없는 환경에서라면 이상적인 정답이 무엇인지를 상상해 보라. 자원을 무제한으로 사용할 수 있다면 완벽한 해답은 무엇일까?

2006년에 애코프Ackoff와 매지슨Magidson, 애디슨Addison은 과거 벨Bell연구소에서 실시한 전화 기술 관련 연구에 주목했다. 1950년대에 벨연구소 연구원들이 '기존의 전화 시스템을 갈아치울 새로운 시스템'을 연구하라는 과제를 받았다. 연구를 방해할 제약은 전혀 없었고, 단 한 가지 기술적으로 실현 가능해야 한다는 조건이 있었다. 즉 공상과학 소설에나 등장할 법한 기술만 피하면 되는 것이었다.

연구원들은 최선을 다해 연구를 시작했고, 두 가지만 제외하고 오늘날까지 등장한 전화 시스템의 모든 것을 예측해 냈다. 버튼 방식 전화기, 전화기의 개인 소유, 통화중 대기, 자동 전송, 음성 사서함, 발신자 표시, 다자간 통화, 스피커폰, 전화번호 단축키, 휴대전화 등이 그들이 내놓은 아이디어였다. 예측하지 못했던 두 가지는 바로 전화기를 이용한 사진 촬영과 인터넷 접속이었다. 그들은 이미

20~50년 이상 앞서 생각했고, 그 가운데 다수가 해당 기술이 발달하고 저렴해지기 전에는 감히 상상도 할 수 없는 것이었다. 하지만 몇 가지는 1950년대에 이미 가능하게 되어 상용화 되었다. 대표적인 것이 바로 버튼 방식 전화기였으며, 덕분에 전화 거는 데 걸리는 시간이 단축되어 미국의 전화 회사 AT&T는 수백만 달러를 추가로 벌어들이게 되었다.

한 은행 팀원이 고객의 요구에 부응하는 이상적인 해결책을 찾은 경우도 있다. 누군가 이러한 의문을 품었다. "은행이 하루 24시간, 일주일에 7일 문을 열면 어떨까?" 이러한 발상에서 나온 것이 바로 은행 자동화기기ATM였고 이를 통해 고객은 자신의 계좌에 하루 24시간, 일주일에 7일 모두 접근할 수 있게 되었다. 처음 이 문제에 대한 이상적인 대책은 은행을 24시간 열어두는 것이었지만, 그것은 매우 비용이 많이 드는 일이었다. 그보다 나은 해답이 바로 ATM을 개발하는 것이었다.

창의적 회의 시간을 열어 고객의 요구에 부응할 수 있는 이상적인 해답을 생각하고 찾아낼 시간을 마련하라. 지금 당장 우리 앞길을 막는 모든 장애물을 무시하고(다만 물리학의 법칙은 제외) 아무런 제약이 없다고 상상하라.

이상적인 대책의 핵심 아이디어와 속성을 나열해 보라. 장애물이 아니라 긍정적인 특성에 초점을 맞추면 별의별 놀라운 가능성을 생각해낼 수 있다. 후에 아이디어 리스트를 자세히 살펴보면, 당시에는 극복할 수 없다고 생각했던 문제를 해결하거나 피해갈 수 있는 길을 찾을 수도 있다.

25 | 아이디어를 거부할 때가 더 중요하다

조금이라도 제 값을 하는 제안 프로그램이라면 엄청난 양의 아이디어를 이끌어 낼 것이다. 도시바 같은 경우는 제안 프로그램을 통해서 수백만 개나 되는 아이디어를 만들어 낸다. 그 외에 아이디어 이벤트나 다른 경로를 통해서도 아이디어가 들어온다. 물론 모든 아이디어를 채택하여 실행에 옮기는 것이 아니기 때문에, 거부당하는 아이디어도 분명 많을 것이다. 회사에서는 조금이라도 실현성이 떨어진다고 느껴지는 아이디어는 재빨리 거부하는 반면, 안전하고 실현성이 높은 아이디어는 신속하게 진행하려고 한다. 하지만 아인슈타인이 했던 말을 명심하라.

"처음부터 터무니없어 보이는 아이디어가 아니면, 획기적인 결과를 만들어 낼 가능성은 전혀 없다."

쉘Shell의 유명한 회의 방식인 게임체인저Gamechanger는 비선형非線形 발상을 이끌어 내기 위해 고안되었다. 팀원들은 매출을 높일 아이디어를 제출하고, 그러한 아이디어는 가장 먼저 상사가 아니라 동료들로 구성된 심사위원들을 거친다. 여기서 선정된 아이디어는 전문가들의 평가를 거쳐 곧바로 자원을 투입하게 되며, 제안자로 하여금 시제품을 만들거나 모델을 개발하게 한다. 이때 평가자들이 적용하는 기준 중의 하나는 바로 이것이다. "만약 이 제안을 거부했다가 그것이 제안자의 말처럼 이루어진다면, 쉘이 손해를 보게 될 금액은 얼마나 될 것인가?" 획기적인 아이디어를 놓쳤다가 발생하게 될 손해를 헤아려봄으로써 위험 부담과 불확실성까지 계산에 넣는 것이다.

거부된 아이디어는 필요한 경우에 다시 살릴 수 있도록 데이터베이스에 저장해 두어야 한다. 원유가 배럴당 50달러였던 1년 전에 거부되었던 아이디어가 원유 가격이 배럴당 200달러로 오르면 반드시 필요하게 될 수 있다. 또한 과거에 거부되었던 아이디어가 훗날 새로운 아이디어의 기반으로 사용될 수도 있다.

아이디어 제안자에게 거부의 뜻을 전달하는 방식 또한 매우 중요하다. 창의적인 사람은 정서적으로 매우 예민할 뿐만 아니라 자신의 아이디어에 자부심을 느낀다. 따라서 적절한 피드백과 함께 그들의 아이디어를 신중하게 검토했다는 사실을 알려 주는 것이 필수적이다. 또한 거부한 사유도 정확하게 알려 주어야 한다. 단지 '우리 기준에 적합하지 않다'는 표현만으로는 부족하다. 거부하는 방식이 적절해야만 팀원들이 계속해서 아이디어를 내놓을 것이다. 거부 방법이 적절치 못하면 아이디어가 샘솟는 원천을 잃어버리는 것과 마찬가지다.

씽킹 햇을
이용하라

여섯 개의 씽킹 햇Six thinking hat은 심리학자 에드워드 드 보노Edward de Bono가 개발한 놀라운 사고 기법이다. 이것은 의회 회의부터 배심원 심리까지 다양한 상황에서 사용할 수 있다. 또한 혁신적이고 도발적인 아이디어를 평가할 때 특히 유용하다.

드 보노가 지적한 바와 같이 우리들 대부분의 사고방식은 적대적이다. 한 사람이 아이디어를 내면 다른 한 사람은 생각의 타당성을 시험할 목적으로 그것을 비판한다. 법정에서 벌어지는 신문이나 변론이 적대적 사고의 대표적인 예라고 할 수 있다. 국회에서 야당과 여당이 벌이는 논쟁도 마찬가지다. 회사에서 일어나는 적대적 사고의 문제점은 그것이 자기편을 지키거나 정치적 목적으로 쓰일 수 있다는 점이다. 예를 들어, 영업팀장이 마케팅팀장이 내놓은 의견에 반대하고, 양쪽이 각자의 입지를 사수하기 위해 팽팽하게 맞서는 경우가 이에 해당한다.

'씽킹 햇' 기법을 이용하면 모든 사람이 동시에 같은 방식으로 생각하게 만들어 적대적 사고의 어려움을 극복할 수 있다. 사람들이 모두 같은 모자를 썼다고 상상하면서 동시에 특정한 방식으로 생각해야 한다. 제안서 검토에 이 방법을 어떻게 이용하는지 살펴보자. 먼저 제안서를 읽고 나면 모두 차례대로 같은 모자를 썼다고 상상한다.

- 흰색 모자 – 이것은 정보의 모자다. 제안서를 분석하는 데 필요한 정보나 자료를 더 요청할 수 있다.

- 빨간색 모자 – 이 모자는 감정을 나타낸다. 이때 이 제안에 대해 어떤 기분이 드는지 이야기한다. 예를 들어, 누군가는 이 제안에 대해 위협감을 느끼거나 불안해할 수 있다. 또 누군가는 흥미진진하다고 말할 수도 있다. 여기서 중요한 점은 자신의 감정을 그대로 표현하는 것이다. 드러내지 못한 감정은 나중에 그 제안에 반대하거나 지지하는 숨겨진 이유로 작용할 수 있기 때문이다.

- 노란색 모자 – 이것은 낙관론의 모자다. 이 시간에는 모든 사람이 돌아가면서 제안의 좋은 점을 이야기한다. 이 제안이 싫더라도 결점을 보완할 만한 장점이나 좋은 점을 찾아내야만 한다. 그런 다음 모든 장점을 나열하고, 그 중에서 가장 중요한 것부터 순위를 매긴다.

- 검정색 모자 – 이 모자는 비관론의 모자다. 모든 사람이 이 제안의 문제점을 찾는다. 그것이 자신의 생각이거나 매우 마음에 들더라도 단점을 지적해야만 한다. 모든 단점을 나열하고 순위를 매긴다.

- 초록색 모자 – 초록색 모자는 성장과 가능성의 모자다. 모든 사람이 이 제안을 개선하거나 수정하여 향상시킬 수 있는 방법을 생각한다. 이때는 노란색 모자와 검정색 모자를 통해 나온 결과를 게시해 두는 것이

좋다. 초록색 모자 시간에 물을 수 있는 좋은 질문이 있는데, 그것은 바로 "어떻게 하면 검정색 모자에서 나온 결과(단점)의 문제를 완화시킴과 동시에 노란색 모자의 결과(장점)를 얻어낼 수 있는가?"이다. 초록색 모자는 또한 브레인스토밍의 모자이기도 하다. 자유롭게 의견을 제시할 때 쓰인다.

◆ 파란색 모자 – 파란색 모자는 과정process의 모자다. 이것은 사고 과정을 다시 한 번 짚어보는 데 쓰인다. 하나의 방식을 어떻게 사용할 것인지 의논할 때 이 시간을 이용한다.

[그림 3] 여섯 개의 모자

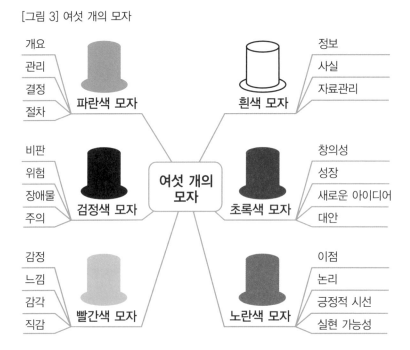

보통 이러한 사고 과정 중 파란색 모자 단계가 가장 빨리 지나간다. 흰색 모자와 빨간색 모자에서 약간 시간이 걸리고, 가장 많은 시간이 필요한 단계는 노란색, 검정색, 초록색 모자 단계다. 이 모자에서 저 모자로 옮겨 다닐 수는 있지만, 여기서 중요한 것은 모든 사람이 동시에 같은 모자를 이용해 생각해야 한다는 점이다. 그러므로 회의 진행자가 색이 칠해진 카드를 들어 올리거나 주사위에 색을 칠해 각 면을 보여주면서 지금이 어느 모자 시간인지 알려 주고, 모든 사람이 이에 맞추어 행동하고 있는지 확인해야 한다. 만약 노란색 모자 시간에 누군가 검정색 모자를 이용해 생각하고 있는 것을 발견하면, 회의 진행자는 그 사람이 다른 사람들과 동일하게 노란색 모자 방식으로 사고하도록 만들어야 한다.

이 방법은 사용하기 쉬울 뿐만 아니라, 빠른 시간 내에 생산적으로 제안을 분석해야 하는 경우에 매우 효과적이다. 이것은 또한 업무상 다양한 분야에 활용할 수 있다. 이 방법을 사용하고 싶다면, 에드워드 드 보노의 저서 〈생각이 솔솔 여섯 색깔 모자 Six Thinking Hats〉를 참고하기 바란다.

The INNOVATION MANUAL

4부

혁신 프로세스를 실행하라

The
INNOVATION
MANUAL

01

혁신은 자유 시간을
원한다

혁신에 있어 가장 흔한 장애물 중 하나가 바로 시간 부족이다. 자신의 주 업무를 처리하느라 새로운 것을 시도하지 못하는 것이다. 대부분의 사람들이 열심히, 오랜 시간 일하는 것을 바람직한 현상이라고 생각한다. 그리고 해당 분기의 목표 달성을 생활신조처럼 여긴다.

이것은 마치 강을 건널 뗏목을 만드느라 다리나 터널, 댐을 세우거나 걸어갈 수 있는 얕은 지점을 찾거나 큰 배나 비행기를 이용하거나 그 밖의 다른 방법에 대해 생각조차 하지 못하는 것과 같다. 그저 뗏목 만드는 일에만 몰두하는 것이다.

만약 사람들이 창의력을 발휘하기를 원한다면, 일단 목표를 세우고 다양한 아이디어를 생각하게 하라. 그런 다음 시간과 자원을 주어 아이디어를 시험하거나 시제품을 만들거나 다른 분야 사람들이 어떤 일을 하고 있는지 조사하게 하라.

구글Google 에서는 팀원들이 일주일 중 하루를 혁신적인 아이디어를 생각해 내는 데 사용할 수 있도록 제공한다. 이것이 과연 지나친

사치일까? 전혀 그렇지 않다. 팀원들이 이러한 시간을 통해 구글 어스^{Google Earth}(위성사진을 이용해 입체 세계 지도를 보여주는 서비스), 프루글^{Froogle}(인터넷 쇼핑을 위한 가격 비교 서비스), G메일^{Gmail}(구글에서 제공하는 무료 이메일 계정)과 같은 아이디어를 만들어 냈고, 이것은 수억 달러 이상의 추가 매출을 가져왔다. 미국의 제약업체 지넨테크^{Genentech} 사도 팀원들에게 이와 비슷한 시간을 제공하고 있다.

오래 전부터 3M 사는 회사 내부의 과학자와 연구원들에게 자신의 시간 중 최고 15%까지 관심 분야의 프로젝트를 연구하는 데 사용할 수 있도록 허용했다. 상사의 승인을 받을 필요가 없고, 다만 자신이 무엇을 하고 있는지 상사에게 보고만 하면 된다. 이러한 경영진의 결정은 3M에 수많은 아이디어와 혁신을 가져다주었고, 오늘날 3M은 세계에서 가장 혁신적인 기업 중 하나로 손꼽힌다.

여기에서 말하고자 하는 내용의 핵심은 팀원들이 뛰어난 아이디어를 생각하고 그것에 대해 살펴보게 하려면, 자유 시간이 필요하다는 점이다. 즉 일주일 중 하루든, 분기 중 하루든 혁신을 위한 시간 투자는 필수적이라는 것이다.

02

팀원들에게 두 가지
업무를 맡겨라

팀원 모두에게 두 가지 핵심 목표를 제시하라. 현재의 업무를 최대한 효과적으로 실행함과 동시에 그 일을 완전히 새로운 방법으로 할 수 있는 길을 찾도록 하라. 또한 팀원들이 스스로에게 다음과 같은 질문을 던지게 하라.

"조직 내 나의 역할이 갖는 가장 필수적인 목적이 무엇인가? 내가 올리는 성과 중 내, 외부 고객에게 가장 큰 가치가 되는 것은 무엇인가? 그러한 가치를 제공하거나 목표를 달성하는 데 더 나은 방법이 있는가?"

마지막 질문의 답은 언제나 '그렇다' 이다. 하지만 대부분의 사람들이 이 질문조차 하지 않는다.

바쁘고 효율적이고 효과적으로 일하는 것 모두가 중요하다. 하지만 이것은 필요조건일 뿐 충분조건은 아니다. 더 나은 업무 방식을 찾고자 하는 끊임없는 욕심과 노력이 여기에 덧붙여져야 한다. 팀원들에게 이러한 방법을 찾도록 요구하라. 임원들에게는 다른 분야의 조직에서 그들의 역할이 어떻게 다른지 조사해 보게 하라. 산업별

협회나 조직에 가입하여 색다른 방식을 배울 수도 있다. 누군가 자신의 업무를 쓸모없게 만들어버릴 방법을 찾으면 칭찬하고 승진시켜라.

다음과 같은 사항을 팀원의 개인별 성과 향상 목표에 추가하고 인사 고과를 평가할 때, 이러한 목표에 대해 진지하게 생각해 보자.

- 자신의 목표를 달성할 수 있는 완전히 새로운 방식이 있는지 조사하고 찾아본다.
- 다음 해에는 최소한 두 가지 이상의 획기적인 대안을 내놓는다.

03 버릴 것과 개선할 것을 선택하라

경영학의 대가 피터 드러커 Peter Drucker 는 이렇게 말했다. "모든 조직은 언제든지 사업 전체를 포기할 준비가 돼 있어야 한다." 현재의 우리 회사에 대해 생각해 보라. 그런 다음 10년이 지나면 회사가 어떻게 변할 것인지에 대해 생각해 보라. 그때까지 회사가 건재하다면 아마 거의 모든 것이 달라져 있을 것이다. 특히 생산하는 제품이나 제공하는 서비스, 업무 방식, 생산 공정과 사업 모델은 틀림없이 바뀌어 있을 것이다. 이것은 기술력의 진보와 경쟁 심화로 인해 피할 수 없는 현상이다. 그렇다면 미래가 우리를 집어삼킬 때까지 가만히 앉아서 기다리고 있을 것인가? 변화의 흐름을 예측하고, 우리가 어떤 점을 바꿔야 하는지 규명해 보자.

대부분의 기업이 제품에 대해서는 변화의 흐름에 대비하고 있다. 제품 개발 맵을 마련함으로써 현재의 주력 상품이 어떻게 개선되고, 어떤 신상품이 개발될 것이며, 대체 상품은 무엇이고, 어떤 방향으로 분야가 다각화 될 것인지 미리 계획을 세워 둔 것이다. 하지만 이러한 기법을 운영 시스템이나 업무 방식에 적용하는 기업은 거의 없다.

기업의 현재 시스템을 모두 열거해 보라. 회계, 고객관리, 기획, 마케팅, 영업, 개발 등을 모두 적은 다음, 이 모두가 언젠가는 바뀌어야 한다는 사실을 알고 자신에게 질문을 던진다. "이들 요소 중에서 어느 것을 새롭게 변화시키면 진정한 경쟁 우위를 갖출 수 있겠는가? 어떻게 하면 최신 기술과 지식을 확보하여 경쟁사를 뛰어넘을 수 있겠는가?"

그저 변화해야 한다는 이유만으로 멀쩡한 시스템을 바꾸는 것은 말이 안 된다. 하지만 모든 업무 시스템이 추진력을 잃고 주저앉을 때가 온다. 부서나 시스템이 만들어질 당시의 목표가 너무 낡은 것이어서 사업의 새로운 목적에 부합하지 못하는 것이다. 이때 많은 기업에서 기존 부서나 시스템을 수정하고 조정하여 어떻게든 이용해 보려고 안간힘을 쓴다. 일단 올해와 내년에 당장 바꾸어야 할 운영 시스템의 우선순위를 정하라. 매년 이러한 방식으로 계속 실행하다 보면 경쟁력의 칼날을 항상 날카롭게 유지할 수 있다. 혁신의 과정에는 '포기'와 '재개발'이 필요하다. 두 가지를 모두 계획하고 실행해야 한다는 것을 명심하라.

04 | 떳떳하게 빌려 써라

    지금 당신이 직장이나 가정, 사회에서 직면하고 있는 문제는 다른 누군가가 이미 해결해 놓은 것일 수도 있다. 그렇다면 그들의 아이디어를 이용해 보면 어떨까? 몇 가지 사례를 보도록 하자.

    제일 먼저, 의사들에게 주사 바늘이라는 문제가 있었다. 대부분의 환자들은 주사 맞는 것을 무서워했고, 특히 어린이들은 두려움에 벌벌 떨기도 한다. 통증이 극심한 정도는 아니지만 이것 때문에 많은 사람들이 중요한 주사를 맞지 않으려 들기도 했다. 그래서 의사들은 이 문제를 고민하기 시작했다. '다른 사람들에게도 이런 문제가 있었을까?' '우리들 말고도 사람들에게 주사를 놓으면서 이 문제를 해결한 사람이 있을까?' 정답은 금세 나왔다. 모기가 아주 작은 바늘을 사람들 피부에 찔러 넣고 피를 뽑지 않는가. 모기는 치명적인 말라리아균을 옮기지만, 사람들은 물리는 것을 느끼지도 못한다. 그래서 과학자들은 모기가 어떻게 사람을 무는지 연구했고, 결국 환자가 느끼지 못하는 주사 바늘을 개발할 수 있었다.

    믹 피어스Mick Pearce는 짐바브웨의 수도 하라레에 있는 이스트게

이트 센터 Eastgate Center라는 쇼핑센터를 디자인한 건축가다. 그는 최소한의 전력으로 더운 여름에도 건물의 온도를 낮게 유지할 수 있는 방법을 찾기 위해 흰개미가 어떻게 시원한 집을 짓는지 연구했다. 결국 그는 흰개미집의 구조를 모방한 자연 냉방 시스템을 만들어 냈다. 그가 건축한 빌딩은 기존 건물에 소요되는 전력의 10분의 1만으로도 낮은 온도를 유지할 수 있다고 한다.

자연의 고유한 현상을 연구하여 모방하는 것을 모방공학이라 부른다. 알렉산더 그레이엄 벨 Alexander Graham Bell은 모방공학을 자신의 발명에 이용했다. 그는 전화기를 발명할 때 인체의 기능 중 귀의 구조를 모방했다. 즉 귀의 고막을 응용하여 전화기의 진동판을 만들었던 것이다.

획기적인 성공을 가져오는 혁신이 반드시 놀라운 발명일 필요는 없다. 그저 사업에 도움이 될 수 있는 새로운 것이면 된다. 싱가포르에서는 모두 사용하고 있지만 네덜란드에서는 처음 시도하는 것, 모든 컨설팅 기업에서 사용하고 있지만 의사가 수술할 때 처음 사용하는 것, IT 업계에서 모두 알고 있지만 미용 업계에서는 아무도 모르는 것, 혹은 젊은 사람들이 커뮤니케이션 방식으로 모두 이용하고 있지만 시의원으로서는 처음 이용하는 것 등 그 예는 무궁무진하다.

캐나다의 금광 회사 골드코프 Goldcorp의 CEO 롭 맥이웬 Rob McEwen이 캐나다 온타리오에 있는 폐광 직전의 레드 레이크 광산을 인수했다. 당시 그는 광산의 금 보유량이 엄청나다는 것을 확신했지만, 문제는 금맥을 찾는 일이었다. 지질 관련 자료는 많았지만 정확한 발굴 지점을 예측하는 일은 쉽지 않았고, 금 생산량은 계속해서 줄어들었다. 그러던 어느 날, 그는 한 컴퓨터 관련 세미나에서 리눅스 운영 체제의 오픈 소스 형식을 들었고, 누구나 프로그램 코드를 볼 수 있도록 공개한 전략이 얼마나 성공적이었는지를 알게 되었다. 전 세계 수천 명의 프로그래머들이 함께 리눅스 코드를 분석, 확장, 개발하고 있었던 것이다. 그는 보수적인 광업 분야에 이 아이디어를 적용시켜 보기로 했다. 그래서 광산에 관한 모든 자료를 인터넷에 올렸고, 사람들로 하여금 어느 곳을 파야 가능성이 있는지를 예측하게 했다. 동료들은 모두 그가 미쳤다고 생각했다. 광산에 관한 데이터는 본래 외부에 공개하지 않는 것이 불문율이었다. 하지만 그가 시도한 인터넷 콘테스트 골드코프 챌린지Goldcorp Challenge는 엄청난 성공을 거두었다. 1등을 차지한 사람은 복잡한 차원 분열 그래픽 프로그램을 이용하여 데이터를 분석했고, 금맥의 위치를 정확하게 예측했다. 덕분에 이 광산의 금 생산량은 열 배로 늘어났다.

그렇다면, 우리는 어떻게 해야 다른 사람의 아이디어를 떳떳하게 빌려 쓸 수 있을까? 여기 몇 가지 방법을 소개한다.

- ◈ 여행을 많이 다녀라. 우리와 비슷한 해외 기업에서는 어떻게 일하는지 관찰하라.
- ◈ 다른 산업에 대해 책을 읽어라. 서점에 가서 새로운 분야의 책과 잡지를 사서 읽어라.
- ◈ 고객과 공급 업체에 아이디어를 요청하라. 특히 우리 사업에 새롭게 적용할 수 있는 것이면 좋다.
- ◈ 경쟁 업체에 주목하라. 특히 지리적으로 거리가 먼 시장에 진입해 있는

업체를 관찰하라.

◐ 브레인스토밍 회의 시간에 비유 기법을 이용해(3부의 '07. 브레인스토밍 회의에 활력을 불어넣어라'를 참조) 문제점을 해결하라.

영국의 이동통신 회사인 보다폰Vodafone은 흥미로운 방식으로 고객을 세분화해 놓았다. 물론 여느 기업처럼 매출액과 마진에 따라 고객을 나누지만, 그밖에도 배울 점이 많은 고객사를 따로 분류했다. 보다폰은 전 세계적으로 흥미로운 휴대전화 기술을 개발한 20대 고객사를 파악해 두고 있으며, 고급 간부들로 하여금 그곳을 방문하게 하여 최신 소프트웨어나 사용법 등에서 뒤쳐지지 않도록 하고 있다. 그들이 선정한 고객사 중 어떤 곳은 매우 규모가 작지만, 보다폰은 거기서 얻을 수 있는 아이디어도 매우 소중하다는 사실을 잘 알고 있다. 창조하는 리더, 혁신하는 팀장으로서 당신은 어떤가?

우리에게 가장 혁신적인 고객은 누구인가? 우리는 그들을 관찰하고, 그들의 발자취를 따라가는가? 그들을 항상 가까이에 두고 배우는가? 그들의 뛰어난 아이디어를 빌릴 수 있는가?

05

교육하지 않으면
혁신의 혜택은 없다

회사 내부의 모든 구성원들 즉 영업과 마케팅, 인사와 재정, 그리고 다른 모든 부서의 사람들은 업무에 필요한 기술을 어떻게 습득했는가? 아마도 기술력이 있는 사람을 고용하거나 기술을 습득할 수 있도록 교육하거나 업무를 수행하면서 기술을 배우게 되었을 것이다. 혁신을 위한 전문성 개발에도 똑같은 방식이 적용된다. 일단 창의적인 사람들을 고용한다. 그런 다음 혁신의 문화적, 절차적 특성에 대해 교육을 실시하며, 마지막으로 그들이 연습을 통해 혁신을 몸에 익히게 한다. 참고로 교육이 필요한 주요 분야는 다음과 같다.

- 문제 분석
- 질문하기
- 듣기
- 아이디어 생산
- 브레인스토밍 관리
- 아이디어 평가

- 드 보노의 식스 씽킹 햇
- 시제품 개발
- 프로젝트 평가
- 프로젝트 관리

일반적으로 외부 교육 프로그램은 종류가 다양하고 다른 환경에서 온 사람들과 어울릴 수 있는 장점이 있다. 하지만 기업 대부분은 자신의 요구에 맞추어 특정 주제를 다루는 내부 교육을 선호한다. 교육의 목적은 원하는 기술을 개발하고 실제 적용이 가능한 업무 방식을 가르치는 것이다. 종종 간과하는 교육의 혜택이 한 가지 있는데, 그것은 간혹 교육 시간에 실용적인 아이디어가 나오거나 까다로운 문제를 평가하는 데 필요한 도움을 얻기도 한다는 점이다. 이러한 부가적 혜택을 얻으려면 문제점을 적절히 거론하고, 그 날 제안된 아이디어를 잘 기록해 두는 것이 매우 중요하다.

06

성장의 크기를 측정하라

일단 목표 설정을 마치면 업무 진행도를 측정하기 위해, 그리고 혁신 역량을 평가하기 위해 측정 지표가 필요하다. 이때 다음과 같은 사항을 주의 깊게 관찰해야 한다.

- 새로 제안된 아이디어의 수를 기준으로 아이디어 공급 능력을 측정한다.
- 팀원 제안 프로그램이 있다면 매달 얼마나 많은 제안이 들어오는지 측정한다.
- 첫 번째 관문을 통과해 프로젝트로 만들어지는 아이디어 수를 파악한 후, 현재의 혁신 평가 프로세스가 얼마나 효율적인지 확인한다.
- 얼마나 많은 프로젝트가 시제품으로 만들어지고, 얼마나 많은 시제품이 신상품으로 연결되는지 확인한다. 이들 중 기존 상품을 개선한 것, 기존 라인의 연장선상에 있는 것, 획기적인 신상품이 각각 얼마나 되는가?

다음과 같은 유용한 측정 지표들도 있다.

◈ 혁신 주기는 어느 정도인가? 예를 들어, 한 아이디어가 제안 단계에서 실행 단계까지 가는 데 얼마나 걸리는가?

◈ 혁신 활동에 얼마나 많은 사람들이 관여하고 있는가?

◈ 회사에서 혁신을 추진할 때, 어느 정도의 자원을 투자하고 있는가?

◈ 혁신 평가 과정에 있는 현재 프로젝트의 예상 가치는 얼마인가?

◈ 올해 개발된 신상품이나 서비스의 투자수익률ROI은 어느 정도인가?

◈ 혁신 활동에 의해 추진되고 있는 프로젝트의 예상 수익률과 실제 수익률의 차이는 얼마나 되는가?

07 성공 스토리를 만들어 자랑하라

혁신이 성공적으로 완수되면 반드시 그 사실을 자랑해야 한다. 혁신 아이디어가 처음 나온 곳을 찾아라. 브레인스토밍 회의나 팀원 제안 프로그램, 아이디어 이벤트, 그 외의 곳에서 나왔거나 개인 혹은 팀 공동의 아이디어일 수도 있다. 아이디어가 어디에서 나온 것이든 본인이 거부하지 않는 한 호들갑을 떨면서 사방에 알려라.

성공 사례를 스토리로 만들어 내부와 외부 매체에 공개하라. 사내 인트라넷에 올리는 한편, 적절하다면 자사 홈페이지에도 게시한다. 나아가 산업 관련 매체에도 알린다. 언론사 기자들은 늘 기사거리에 목말라 있기 때문에 좋은 보도 자료라면 대중 매체에 실릴 가능성도 높다. 그리고 가능하다면, 아이디어 제안자의 사진과 함께 그의 이야기도 공개하라.

혁신 아이디어가 성공하면 그 비결이 외부에 유출될 것을 염려하여, 반대로 실패하면 창피한 이야기가 밖으로 새어 나갈까봐 많은 관리자들이 혁신 사례를 숨기고 싶어 한다. 하지만 혁신에 관한 이야기를 외부에 공개할 때, 단점보다 장점이 훨씬 많다. 혁신을 자랑하는 것은 회사에 대한 긍정적인 이미지를 외부에 홍보하는 것과 같다. 이것은 경쟁자뿐만 아니라 고객과 장래의 팀원들도 보게 된다. 하지만 성공을 자랑해야 하는 무엇보다도 중요한 이유는 회사 내부에 있다. 팀원들은 자신의 이름이 신문이나 잡지 등에 실리는 것을 자랑스러워한다. 또한 성과에 대한 인정이야말로 가장 강력한 동기부여의 원천일 뿐만 아니라 최대의 보상이기도 하다. 따라서 팀원들은 점점 더 많은 아이디어를 만들어 낼 것이며, 자신들이 추진하는 혁신에 대해 확신을 갖게 될 것이다.

08

아이디어 제안자에게는
즉각 보상하라

성공이라는 결과 뒤에는 보상이 뒤따라야 한다. 과거에는 아이디어가 성공적으로 실행에 옮겨지고 최대 1년이 지난 후, 수익을 매우 보수적으로 계산한 다음 수익 대비 정해진 비율로(보통 10%) 제안자에게 보상해 주었다. 과거 제조 공장 등지에서 누군가 획기적인 비용 절감 방법을 발견하면 상당한 금액을 지급하는 사례가 많았다. 하지만 비용 절감은 측정이 어렵고, 보상을 받을 때까지 기다리는 시간이 너무 길어져 직원들이 흥미를 잃어버리는 경우가 허다했다. 또한 높은 보상금은 직원들 사이에 불화를 일으키는 원인이 되기도 했다. 특히 여러 사람이 함께 아이디어를 만들었는데 한 사람만 보너스를 받는 경우가 그러했다.

최근에는 소액의 상금을 신속하게 지급하는 것이 일반적이다. 아이디어가 승인을 받아 다음 단계로 넘어가면, 제안자는 곧바로 보상을 받는 것이다. 채택된 아이디어가 완벽하게 형태를 갖춘 혁신 프로젝트로 만들어지든, 그렇지 못하든 상관없다. 즉각적인 보상이 오늘날의 추세다. 소정의 심사를 거쳐 승인을 얻은 모든 아이디어는 인정받을 만한 가치가 있기 때문이다.

혁신적인 아이디어나 성공적인 프로젝트를 인정하고 보상하는 방법에는 다음과 같은 것이 있다.

- ❯ 상품권을 지급한다.
- ❯ 최첨단 디지털 제품 같은 혁신 상품을 선물로 준다.
- ❯ 저녁 식사 상품권을 준다.
- ❯ '혁신 아이디어 시상식'을 개최한다. 각 분야의 후보자를 선정한 후 수상자를 발표하는 행사를 거행한다.
- ❯ 아이디어 제안자들의 인터뷰를 비디오로 촬영하여 브레인스토밍 회의나 연례 혁신 이벤트 등에서 동영상으로 소개한다.
- ❯ 제안자들에게 외국에서 열리는 혁신 세미나 등에 참석할 수 있는 기회를 준다.

아이디어는 혁신의 생명과도 같다. 모든 아이디어 제안에는 즉시 반응해야 하고, 뛰어난 아이디어를 제안한 팀원에게는 금전적으로 보상하며, 혁신적인 아이디어는 곧바로 실행에 옮겨라. 그리고 마지막으로, 성공적인 성과를 거두었을 때는 축배를 들어라.

09

놀라운 일들을
찾아라

'놀라운 보고서'를 활용하는 프랑스의 한 건설 회사가 있다. 이 회사에서는 신입사원 교육이 끝나면, 참가자 전원에게 이 보고서를 작성하게 한다. 이때 신입사원은 회사에서 발견한 좋거나 나쁜 놀라운 점을 모두 써낸다. 이것은 입사 후 최대한 빨리 진행되어야 한다. 1년 이상 지나면 이미 늦다. 사람은 어떤 것을 처음 봤을 때는 놀라운 점을 알아보지만, 시간이 조금 흐르고 나면 아무렇지 않게 느끼기 때문이다.

이민자들은 원주민들이 보지 못하는 것들을 본다. 이것은 신입사원이나 새로운 고객, 새로운 공급업체도 마찬가지다. 외부 사람들에게는 놀라운 일들이 내부 사람들에게는 당연한 일로 여겨진다는 점이다. 즉 내부 사람들은 '다른 곳도 이런 식으로 하지 않나?'라고 생각하는 것이다.

놀라운 보고서를 통해 신입사원들은 회사에 대해 느낀 놀랄 정도로 좋은 점과 놀랄 정도로 나쁜 점, 혹은 단순히 특이한 점을 적는다. 이 방법은 특히 성공적인 기업으로 인정받고 있거나 모든 일을 올바르게 처리하고 있다고 생각하는 기업에 유용하게 쓰일 수 있다.

임원이나 관리자들이 한 기업에 오래 머물렀다면, 보지 못하는 것이 많을 것이다. '놀라운 보고서'를 이용하여 관성적으로 바라보던 부분에 새로운 빛을 비춰 보자. 놀라운 보고서의 결과를 보는 순간 깜짝 놀랄지도 모른다.

10

젊고 신선한 감각을
받아들여라

　오래되고 안정적인 조직일수록 외부의 창의적인 새바람이 필요하다. 내부의 창의력 엔진만으로는 필요한 동력을 만들어 내지 못한다. 혹은 내부 혁신만으로 빠르게 움직이는 젊은 고객들에게 접근하기 힘든 경우도 있다. 때로는 내부의 임원들보다 외부의 작은 기업들이 고객에게 더 쉽게 다가간다. 그리고 내부에서는 감히 이야기를 꺼내거나 상상조차 하지 못하는 위험천만한 것들을 외부 사람들은 쉽게 제안할 수 있다.

　해스브로Hasbro는 직원이 6천 명, 매출 규모가 30억 달러에 이르는 미국의 완구 회사다. 이 회사에는 변신 로봇인 '트랜스포머'나 '아기 조랑말' 같은 시장 주도적이고 역사가 깊은 브랜드가 있다. 이 회사는 제품 라인을 새롭게 변경하기 위해 컨설팅 회사인 썬더독 스튜디오Thunderdog Studios와 계약했다. 이 회사는 해스브로에 어떤 새바람을 불어 넣었을까? 첫째로 그들은 해스브로가 젊은 시각을 갖도록 변화시켰다. 썬더독 스튜디오의 사장 트리스탄 이튼Tristan Eaton은 〈패스트 컴퍼니〉 2006년 7월호에서 이렇게 말했다. "우리는 모두 아이와 다를 바가 없다는 사실을 그들이 깨닫기를 기다리고 있어요."

그렇다면, 이미 성공한 기업들은 어째서 외부 업체의 힘을 빌리는 것일까? 첫 번째 이유는 젊고 신선한 이미지를 유지하는 일이 힘들기 때문이다. 특히 젊은 소비자가 결정권을 갖는 분야에서는 어떤 것이 멋지고 어떤 것이 그렇지 못한지를 아는 것은 매우 어렵다. 늘 최신 유행을 날카롭게 잡아낼 수 있어야 하고, 젊은 고객층 시장을 폭넓게 바라볼 수 있어야 하며, 앞으로 다가올 유행에 모험을 거는 능력도 필요하다. 중년의 부모가 십대 자녀들에게 최신 음악이나 춤, 옷 등에 대해 조언을 구하는 것과 이미 성공한 거대 기업이 소규모 컨설팅 기업에 의지하는 것은 일맥상통한다.

회사의 규모가 크다면 내부에서 비슷한 시도를 할 수 있다. 프록터 앤드 갬블(P&G) Proctor & Gamble 사는 내부에 '트레머Tremor'로 불리는 독립된 그룹이 있어서 20만 명의 젊은이들과 함께 새로운 아이디어나 제품 등을 시험해 본다. 또한 이 회사는 '보컬포인트Vocalpoint'라는 단체를 만들어 60만 명의 어머니들로부터 제품에 대한 의견과 반응을 수집하고 있다.

하지만 프록터 앤드 갬블 사처럼 풍부한 자원을 갖추지 못한 기업들은 젊은 감각이 넘치는 외부 컨설팅 업체와 계약하여 임원들에게 어떤 것이 젊고 신선하며, 어떤 것이 그렇지 못한지를 가르치는 것도 좋은 방법이다.

11 기업 간 협력 관계로
열린 혁신을 추진하라

대부분의 CEO들은 협력이 혁신의 열쇠라는 사실을 잘 알고 있다. 내부의 자원만으로는 혁신에 성공하기 힘들다는 사실을 깨달은 것이다. 그래서 그들은 협력 관계를 맺을 수 있는 기업을 찾아 외부로 눈을 돌린다. 상상을 뛰어넘는 기업 간의 협력 관계로는 앞서 설명했던 메르세데스와 스와치의 사례를 들 수 있다. 이때 양측은 서로 다른 기술과 경험을 제공했다.

코스타 커피Costa Coffee는 영국의 커피숍 시장에서 스타벅스, 까페네로Cafe Nero와 함께 치열한 경쟁을 벌이고 있는 커피숍 체인이다. 이 회사는 다른 기업과의 협력 관계를 통해 놀라운 성과를 이룩했다. 주요 협력사들과 함께 '숍인숍 Shop-in-shop' 형태의 상점 모델을 개발한 것이다. 현재 이러한 협력 관계를 맺고 있는 기업에는 애비내셔널 은행Abbey National banks, 사무용품 체인인 W H 스미스W H Smiths, 워터스톤스Waterstones 서점, 홈베이스 DIY 스토어Homebase DIY stores 등이 있다. 코스타의 홈페이지(www.costa.co.uk)에 올라와 있는 내용에 의하면, 이 회사의 기업 간 협력 형태는 다음과 같다.

코스타는 입점 점포를 직접 관리하면서 자사 고객에게 특별한 서비스를 제공하고 싶어 하는 협력사에 고품질 커피와 서비스를 공급한다. 그러면 고객은 입점 점포에서 커피와 간단한 음식을 즐기면서 잠시 휴식을 취하거나 구매에 필요한 의사 결정을 내리거나 약속 시간까지 기다릴 수 있다.

업체 간 협력의 다음 단계는 열린 혁신이다. 이것은 프록터 앤드 갬블, IBM, 킴벌리 클라크 사에서 취하고 있는 방식인데, 외부의 협력 관계자를 이용하여 기업 내 수직적인 혁신 과정을 없애는 일이다. 외부 업체를 이용하면 일의 진행 속도를 높이고 비용을 절감하며, 좀 더 많은 아이디어를 접할 수 있을 뿐만 아니라 제품을 시장에 출시하는 데 걸리는 시간을 줄일 수 있다.

2006년 8월 8일자 〈댈러스 뉴스Dallas News〉에 게재된 기사는 킴벌리 클라크 사가 열린 혁신을 통해 신상품 출시에 걸리는 기간을 30%까지 어떤 방식으로 단축할 수 있었는지를 다루었다. 킴벌리 클라크 사는 규모가 조금 작은 선헬스 솔루션SunHealth Solutions 사와 합작하여 선시그널Sunsignals이라는 제품을 6개월 만에 출시할 수 있었다. 선시그널은 부착한 사람이 자외선에 화상을 입을 정도가 되면 저절로 색깔이 바뀌는 접착식 자외선 센서다.

프록터 앤드 갬블 사는 열린 혁신을 이용하여 자사의 모든 혁신 프로젝트 중 50%에 외부 업체의 힘을 빌리기로 목표를 세웠다. 이러한 방식으로 개발된 초기 제품에는 미스터 클린 매직 이레이저Mr. Clean Magic Eraser(얼룩 제거용 스펀지)와 프링글스 프린트Pringles Prints(기존 제품인 감자 칩 프링글스에 다양한 내용의 글씨가 찍혀 있는 신제품)가 있다.

〈댈러스 뉴스〉 지에 실린 같은 기사에 따르면, 2005년 킴벌리 클라크 사는 합작 개발, 합작 회사, 공동 유통 및 라이선스 거래 등의 분야에서 30개 이상의 기업과 협력 관계를 맺었다.

열린 혁신을 통해 성공을 거두기 위한 주요 단계를 살펴보면 다음과 같다.

- 각 회사는 협력 관계에서 기대하는 바가 무엇인지를 정확하게 정의한다.
- 지적 재산권을 어느 회사에서 소유할 것인지를 정한다.
- 성공적인 협력 관계를 유지하기 위해 각 회사는 권한을 위임받은 간부급 팀원을 배치한다.
- 핵심적인 계약 내용, 협력 목표와 단계별 주요 업무 등을 명확하게 규정한다.
- 각 회사는 정확한 커뮤니케이션을 바탕으로 정직과 신뢰가 구축된다는 사실을 인식한다.
- 분쟁 예방을 위한 계약서를 작성한다.

12| 고객의 욕구와 행동에 주목하라

고객은 혁신 아이디어의 중요한 원천이 될 수 있다. 그래서 많은 기업들이 전통적인 방식의 고객 설문 조사나 심층 그룹 면접 등을 실시한다. 이것은 유익한 의견 수렴 통로이긴 하지만, 독창적인 아이디어 측면에서 보면 실망스러울 때가 많다. 고객은 상품의 점진적 개선이나 더 낮은 가격, 더 나은 서비스를 요구하는 것에는 능숙하다. 하지만 획기적인 신상품이나 혁신을 예측하는 일에는 서툰 것으로 악명이 높다.

팩스가 발명되기 전에 그것이 필요하게 될 것이라고 그 누가 예상했겠는가? 1950년대에 안경을 쓰던 사람들 중에서 그 누가 콘텍트렌즈나 각막 레이저 수술이 필요하다고 주장했겠는가? 현재 상품이나 서비스를 더 많이, 더 좋게, 더 빨리, 혹은 더 싸게 개선해 달라고 요구하는 고객은 많다. 하지만 자신의 욕구를 충족할 색다른 방식을 구체적으로 알려 줄 고객은 없다는 사실을 명심하라. 그렇다면 어떻게 해야 고객으로부터 더 나은 아이디어와 의견을 얻어낼 수 있을까? 그렇게 하려면 자사 제품이나 서비스를 고객들이 어떤 방식으로 사용하는지 파악하고, 그러한 과정에서 어떤 문제가 발생하는지를 연구해야 한다.

시애틀의 플루크Fluke Corporation 사는 혁신적인 소형 계측기로 명성이 높다. 이 회사는 팀 전체를 파견해 화학 공장의 설비팀을 관찰하도록 했다. 팀원들은 그 회사 설비팀의 정비사들이 다양한 온도계와 압력계의 눈금을 재기 위해 여러 가지 도구를 휴대하고 다닌다는 것을 발견했다. 또한 눈금을 잰 후에는 그 수치를 노트에 적어 두었다가 컴퓨터 프로그램에 입력한다는 사실도 알아냈다. 이러한 절차는 시간이 오래 걸리고 중간에 오류가 발생하기 쉬웠다. 이러한 관찰 결과를 토대로 플루크 사는 화학 공장에 설치된 어떤 종류의 계기판도 측정이 가능한 프로그램이 포함된 신제품을 출시했다. 이 제품을 사용하면 측정 결과를 기록할 수 있을 뿐만 아니라 정비사의 컴퓨터에 직접 다운로드하는 것도 가능했다. 이 제품이 바로 엄청난 성공을 거둔 플루크 사의 다기능 프로세스 계측기Fluke Document Process Calibrator였다.

하이얼Haier 사는 중국의 대형 가전제품 회사다. 어느 날, 농촌 지역을 방문한 개발팀 직원들은 농부들이 자사의 세척기를 이용해 밭에서 기른 채소를 씻는 것을 발견했다. 하이얼 개발팀은 여기에서 아이디어를 얻어 이 제품에 야채 세척 기능을 추가했다. 또 한 번은 한 학생이 두 냉장고 사이에 널빤지를 걸쳐 책상으로 이용하는 것을 보았다. 이 회사는 좁은 방에서 사용 가능한 접이식 책상이 달린 냉장고를 개발하여 고객의 기대에 부응할 수 있게 되었다.

고객에게 의견을 요청하는 것도 좋지만, 그들을 직접 관찰하는 것이 훨씬 더 나은 방법이 될 수 있다. 경쟁에서 크게 앞서고 싶다면, 가까운 장래에 선풍적인 인기를 끌 제품이나 서비스를 디자인하고 싶다면, 고객을 유심히 관찰하라. 제품이 전혀 다른 용도로 이용되고 있는 경우나 사용법의 특이한 결합, 해결해야 할 골칫거리와 문제점, 고객의 욕구 등에 주목하라. 이러한 것을 통해 제품과 서비스, 공정에서 성공적인 혁신을 이룰 수 있는 통찰력을 얻을 수 있다.

조직 내의 임원이나 고급 관리자들이 정해진 기간 동안 고객과 직접 상대하게 하는 기업이 많다. 유통업체 임원이 점포에서 근무하고, 은행 임원들이 영업점에서 일하며, 보험업계 임원들이 담당자들과 현장에 나가 보거나 병원 임원들이 병실에서 근무하는 경우가 그러한 사례에 속한다. 이러한 '현장 경험'에는 훌륭한 이점이 많다. 이를 통해 임원들은 사업의 최전선에서 벌어지고 있는 일에 대해 최신 정보를 얻을 수 있다. 그리고 팀원들을 진심으로 이해하고, 그들의 문제점에 공감할 수 있다. 무엇보다도 영업과 서비스에 있어 개선이 필요한 많은 부분을 직시할 수 있게 된다. 이것은 혁신을 대비한 준비 단계이며, 이미 오래전부터 사용되어 온 방법이다.

13 | 고객과 함께 창조하라

　다시 한 번 강조하지만 고객은 위대한 혁신의 원천이다. 그 이유는 첫째, 고객에게 질문함으로써 점진적 개선 아이디어를 얻을 수 있다. 둘째, 고객을 관찰하면 혁신적 개혁 아이디어를 얻을 수 있다. 그 다음으로 보다 더 강력한 추진력을 얻을 수 있는 세 번째 방법은 바로 고객과 함께 새로운 것을 만들어 내는 일이다.

　미국의 쓰레드레스Threadless 사는 누구나 티셔츠 디자인을 인터넷에 올리고, 사이트 방문자들이 매주 그것을 평가하는 프로그램을 만들어 큰 성공을 거두었다. 인터넷 투표로 뽑힌 우수 디자인은 한정판으로 생산되고, 제안자는 현금 750달러와 사이트에서 사용할 수 있는 적립금 250달러를 상금으로 받는다. 이렇게 만들어진 디자인으로 언제든지 티셔츠를 찍어낼 수 있는 쓰레드레스를 제외하면, 사실 큰돈을 버는 사람은 없다. 하지만 이러한 프로그램이 다양한 기회를 만들어 낸다는 것은 부인할 수 없는 사실이다. 〈패스트 컴퍼니〉지의 2006년 4월호 기사 내용에 의하면, 이 기업은 새 디자이너가 필요할 때 멀리서 찾을 필요가 없다. 콘테스트에서 8회나 우승을 차지한 루이지애나 출신의 로스 지에츠(24세)가 있었기 때문이다. "인터넷 콘테스트에 제출한 작품을 보고 제 능력을 알아본 거죠." 로스 지에츠의 말이다. 그는 이 덕분에 다른 기업으로부터 취업 제안을 받기도 했다.

나이키 사의 사업부인 컨버스Converse에서 대표 제품인 올스타 캔버스화와 컨버스 브랜드에 관한 24초짜리 광고 콘테스트를 주최한 이야기가 같은 호 〈패스트 컴퍼니〉 지에 실렸다. 총 1,500건 이상의 동영상이 제출되었으며, 회사는 그 중에서 40개를 TV 광고로 사용하는 한편 각 우승자에게 미화 1만 달러를 지급했다.

미국의 경제지 〈셀링 파워Selling Power〉 2006년 10월호에는 일반인에게 30초짜리 광고를 만들게 한 도리토스Doritos 사의 유사 사례가 소개되어 있다. 2007년 1월에 온라인 투표를 통해 우승자가 결정되었고, 다섯 명의 우승자는 각각 미화 1만 달러를 받았다. 또한 최우수작으로 뽑힌 작품은 2007년 41회 슈퍼볼 경기 도중 방영되었다.

수많은 기업이 고객의 창의성에서 나오는 다양한 기회를 이용하고 있다. 예를 들어, 미국의 시계 제조 회사인 타이맥스Timex 사는 창립 150주년을 맞이하여 '타이맥스 2154 : 시간의 미래Timex 2154: The Future of Time' 라는 국제 규모의 콘테스트를 열었다. 시계 기술의 미래를 연구한 전 세계 72개국의 디자이너들이 총 640점에 이르는 창의적인 시계 디자인을 출품했다.

과거에 고객의 역할은 설문 조사와 심층 면접 등을 통해 자신의 욕구를 전달하는 것에 그쳤지만, 오늘날은 수많은 기업에서 고객의 상상력을 구체적으로 표현해 내기 위해 현존하는 모든 기술을 동원하고 있다. 기업은 이제 고객을 지갑을 가진 목표물이 아니라 흥미롭고 돈이 되는 해결책을 보유한 공동의 협력자로 보고 있다.

앞으로 제품이나 서비스를 디자인할 때, 고객의 도움을 받아보는 건 어떨까? 고객을 대상으로 콘테스트를 열고 가장 창의적인 아이디어를 선정해서 보상하라. 인터넷이나 방송, 그 밖의 다른 기법을 이용하여 고객이 자신의 의견을 표현할 수 있게 하라.

14 | 사용자 커뮤니티를 만들어라

    온라인 커뮤니티 또한 총체적인 창의력의 원천으로써 고객을 활용하는 데 효과적인 방법이다.

    위키피디아Wikipedia는 콘텐츠를 제공하는 제안자 커뮤니티를 형성하여 온라인 백과사전이라는 획기적인 제품을 만들어 냈다. 이것은 오픈 소스를 통한 새로운 창조다. 다양한 사람들이 콘텐츠를 만들어 올리면 커뮤니티가 그것을 조직하고 수정하고 관리한다. 마치 거대한 생명체처럼 말이다. 위키피디아 백과사전의 내용은 전통적인 의미의 백과사전처럼 정확하지는 않더라도 엄청난 신속성과 접근성, 광범위한 내용이 부족한 면을 채우고도 남는다고 할 수 있다.

    미국의 인맥 기반 커뮤니티 사이트인 마이스페이스Myspace는 젊은이와 음악이 결합한 커뮤니티를 통해 색다른 가치가 있는 제품을 만들어 냈다. 여기에서는 자신만의 사이트를 만들고 인기 있는 밴드의 음악을 들을 수 있어 십대 청소년들에게 선풍적인 인기를 끌고 있다. 유튜브Youtube는 사용자들이 직접 촬영한 동영상을 올릴 수 있게 하여 온라인 커뮤니티 효과를 극대화했다. 사람들이 직접 만든

멋지고 웃긴 동영상을 올리면 매일 수억 명이 방문하여 즐길 정도로 규모가 커졌다.

위에 언급한 것 외에도 수많은 사이트들이 사용자 제작 콘텐츠, 즉 UCC의 덕을 톡톡히 보고 있다. 각 사이트는 시스템과 기회를 제공할 뿐 내용과 가치를 부여하는 것은 바로 사용자다. 고객이든, 협력사든, 팀원이든 자사의 이해관계자들에게 시도할 만한 비슷한 사례가 있을까? 스스로 다음 질문을 던져보자.

- 자사의 이해관계자들이 공통적으로 가질 수 있는 관심사는 무엇인가?
- 자사의 이해관계자들이 공유할 수 있는 전문지식은 무엇인가?
- 이해관계자들의 커뮤니티에 가치를 더할 수 있는 방법은 무엇인가?

수많은 기업이 이러한 문제에 접근하기 위해 블로그를 이용한다. 단순히 홍보에 주력하기보다 블로그를 통해 가치와 공정성을 제공한다면, 커뮤니티 활성화에 매우 효과적이다. 다음 단계는 스스로 가치를 창출하는 온라인 커뮤니티를 만드는 일이다. 물론 통제가 어렵다는 위험성이 있지만, 단점보다는 장점이 더 많다. 기업 자체가 젊고 공익적인 이미지로 비춰질 것이고, 온라인 커뮤니티를 통해 방문자 수를 늘리면 새로운 아이디어나 관심거리, 문제점, 창의적 발상 등을 더 많이 이끌어낼 수 있다. 그렇게 제안된 아이디어 중에는 실제로 개발 가능한 신상품이나 서비스로 만들어질 수도 있을 것이다.

15| 크라우드소싱을
활용하라

　해결하기 어려운 문제에 대해 혁신적인 해결책을 찾을 수 있는 또 다른 방법으로 '크라우드소싱 Crowdsource'이 있다. 이것은 문제점을 개별적인 일반인 전문가들에게 아웃소싱함으로써, 그들이 서로 경쟁하거나 협력하게 하여 문제를 해결하는 방식을 뜻하는 신조어다. 물론 뛰어난 해결 방법을 제시한 사람에게는 두둑한 보상이 뒤따른다.

　중국 저장 대학교 학생인 우지아지는 아메리카 온라인 America Online 이나 메릴린치 Merrill Lynch 그룹 같은 기업과 협력 관계에 있는 탑코더 Topcoder 사에서 주최한 프로그래밍 콘테스트에서 우승했다. 다양한 고객들이 탑코더 사에 복잡한 소프트웨어 문제를 맡기면 탑코더 사는 인터넷을 통해 전 세계 프로그래머들에게 의뢰받은 문제를 공개한다. 우지아지는 첫 번째 콘테스트에 참여한 후 몇 주 지나지 않아 미화 2,500달러를 거머쥐었고, 그 후로도 탑코더 사로부터 미화 2십만 달러가 넘는 돈을 벌어들였다(2006년 11월 6일자 〈비즈니스 위크〉).

　2001년 엘리 릴리 Eli Lilley 사에서 창립한 이노센티브 Innocentive (www.innocentive.com)는 과학 문제와 해답이 거래되는 중개 시장 같은 곳이다. 프록터 앤드 갬블, 보잉, 듀퐁 같은 일류 기업들이 이 사이트에 복잡한 과학 문제를 올린다. 그러면 전 세계에 흩어져 있는 십만 명 이상의 과학자들이 문제를 풀기 위해 치열한 경쟁을 벌이고, 우승자는 최고 백만 달러 상당의 상금을 받는다.

　이제 기술적 문제를 풀거나 혁신 아이디어를 만들어 내기 위해 회사 내부의 R&D 부서에만 의지할 필요가 없다는 사실은 명백하다. 그러한 기능을 아웃소싱으로 해결하고, 그 결과에 대해 대가를 지불하면 되는 것이다. 이제부터는 외부로 눈을 돌려 크라우드소싱 같은 방법을 통해 기술 혁신의 길을 찾아보는 것은 어떨까?

16 스테이지-게이트 프로세스를 적용하라

규모가 큰 조직의 상당수가 혁신 프로젝트의 흐름을 관리하기 위해 공식적인 평가 절차를 이용한다. 이것은 밥 쿠퍼 Bob Cooper가 개발한 스테이지-게이트 Stage-Gate 기법에 기초한 것이다. 스테이지-게이트 홈페이지(www.stage-gate.com)를 방문하면 다음과 같은 도표를 볼 수 있다.

[그림 4] 스테이지-게이트 제품 혁신 프로세스

스테이지-게이트 프로세스는 신제품 개발 프로젝트를 아이디어에서 출시까지 진행시키는 개념적, 운영적 로드맵과 같다. 스테이지-게이트 과정을 통해 전체 프로세스를 각각의 단계로 나누고, 그 사이에 관리자의 의사 결정 과정을 넣는다. 제품 개발의 다음 단계로 넘어가기 위해 관리자의 승인을 받으려면 단계별로 미리 정해진 과업을 성공적으로 완수해야만 한다.

스테이지(단계)란?

> ❯ 구체적인 활동이 일어나는 곳이다. 즉 프로젝트를 다음 관문으로 넘기기 위해 핵심 활동을 완료하는 과정이다.
>
> ❯ 교차 기능적이다. R&D나 마케팅 단계가 따로 정해져 있지 않으며, 각각의 활동은 속도를 높이기 위해 동시다발적으로 진행된다.
>
> ❯ 위기를 관리하는 곳이다. 위기관리를 위해 기술, 마케팅, 재정, 운영의 주요 정보가 수집된다.
>
> ❯ 점진적이다. 각각의 단계는 이전 단계보다 비용이 커지므로 투자도 점진적으로 일어난다. 불확실성이 줄어들면서 확대 지출이 승인되고 위기관리가 이루어진다.

게이트(관문)란?

> ❯ 프로젝트의 진행 또는 중단 여부와 우선순위가 결정되는 곳이다.
>
> ❯ 평균 이하의 성과를 보이는 프로젝트는 정리하고, 최고의 성과를 보이는 프로젝트에 자원이 집중되는 단계다.
>
> ❯ '집행의 품질', '사업의 근본 이유', '액션 플랜의 품질'이라는 세 가지 핵심 문제에 초점을 둔다.
>
> ❯ 프로젝트의 성공 가능성을 평가하기 위해 채점표와 채점 기준이 사용되는 단계다.

스테이지-게이트 프로세스는 신제품 개발이나 새로운 프로젝트의 진행 속도를 높이는 수단으로써 그 유용성이 이미 증명되어 널리 사용되는 방식이다.

프로젝트를 진행하다 보면 관문을 통과해 단계별로 승인을 받는 것에만 집착하기 쉽다. 하지만 진정한 개선은 스테이지, 곧 가치가 더해지는 각 단계에서 일어난다. 매니지드 이노베이션 인터내셔널 Managed Innovation International Pty Ltd의 앨런 라이언 Allan Ryan은 자신의 강연 '혁신의 수단, 혁신하는 사람들은 자신이 배운 것을 공유한다'에서 다음과 같이 말했다.

"더 나은 프로젝트, 더 나은 생각과 더 나은 실행이 이루어지는 곳이 바로 스테이지, 즉 단계다. 그리고 게이트, 즉 관문에서는 목표를 달성하는 데 그치지 말고 그것을 뛰어넘도록 하라."

제품 혁신 과정을 개발하거나 관리하고자 한다면 스테이지-게이트 방식을 적용해 보라. 'www.stage-gate.com'을 방문하면 더 많은 정보를 얻을 수 있을 것이다.

17

혁신 책임자를
임명하라

규모가 큰 조직에서 '의사 결정'이라는 난관을 뚫고 혁신 아이디어를 프로젝트로 진행시키는 일은 결코 쉬운 일이 아니다. 현실에 안주하려는 보수적인 문화를 진취적인 문화로 바꾸는 것은 이것보다 훨씬 더 어렵다. 아무리 이노베이티브 리더라고 해도 혁신 프로젝트를 혼자 해낼 수는 없다. 각 부서에 믿을만한 핵심 관리자들, 즉 혁신 책임자가 있어야 한다.

모든 구성원들이 회사의 비전과 혁신의 핵심 목표를 믿고 따른다 하더라도, 자기도 모르는 사이에 과거의 방식으로 쉽게 돌아갈 수 있다. 혁신 책임자란 말단 팀원 수준에서 혁신이 일어나게 만드는 임무를 맡은 사람들이다. 보통은 리더들이 맡는데, 반드시 부서장일 필요는 없다. 그들은 자신의 부서에서 혁신의 흐름을 관찰하며, 성공 가능성이 보이는 혁신 프로젝트의 주창자들을 독려한다. 또한 혁신 프로젝트의 장애물을 없애고 승인을 얻도록 돕는다. 회사 전반에 걸쳐 인맥을 쌓고, 다른 혁신 책임자들과 커뮤니케이션을 한다. 그리고 다른 팀이나 회사 외부에서 벌어지고 있는 일을 파악하기 위해 관심을 기울인다.

　물론 기업의 궁극적인 목표는 조직에서 혁신 책임자들이 해야 할 일이 없어지는 것이다. 모든 사람이 혁신에 헌신하고 혁신 프로세스가 순조롭게 진행된다면 '해결사'가 필요 없지 않겠는가? 하지만 그렇게 되는 때까지 열정과 목적의식, 영향력이 있는 누군가가 혁신을 주도하는 것은 필수적이다.

18 | 혁신 인큐베이터를 운영하라

완구 회사인 마텔Mattel 사는 바비 인형으로 유명하다. 기업이 현재의 성공에서 멈추지 않고 계속 성장하려면 끊임없는 내부 혁신이 필요하다. 그래서 마텔의 여아 완구 디자인 사업부 상임 부사장인 아이비 로스는 '오리너구리 프로젝트'라는 것을 만들었다. 이 명칭은 서로 다른 두 종의 동물을 합쳐 놓은 듯한 오리너구리의 희한한 모습에서 따온 것이다. 이 프로젝트 팀을 구성하는 열두 사람은 여러 부서에서 돌아가면서 선발하는데, 이들은 한 번에 3개월씩 이 팀에 소속되어 집중적이고 창의적인 방식으로 일한다. 이들은 극단적으로 다른 환경에서 일하면서 외부 자극 요소를 이용하거나, 놀고 있는 아이들을 연구하거나, 자유롭게 새로운 아이디어를 생산하고 시험한다. 그리고 이러한 경험을 통해 새롭게 창의력을 충전하여 원래 부서로 돌아간다.

이 프로젝트의 성과는 실로 놀라웠다. 수많은 신제품이 쏟아져 나왔고, 이것을 시장에 내놓는 데 걸리는 시간도 줄어들었다. "장난감은 디자이너만 만들 수 있는 게 아니에요. 창의적인 사람들을 최적의 환경에 배치하고, 직급을 구분하지 않으면 놀랄만한 성과를 얻게 될 거예요." 2002년 11월 〈패스트 컴퍼니〉 지에 게재된 '아이비 로스는 놀고 있는 것이 아니다' 라는 기사에서 밝힌 아이비 로스의 말이다.

삼성전자는 혁신적인 신제품을 개발하기 위해 디자이너와 연구원들을 한 번에 몇 달씩 외부와 고립시킨다. 팀원들의 일상적인 업무가 아이디어의 흐름을 방해할 수 있기 때문이다. 주력 상품인 디지털 평면 TV 신제품 등을 개발할 때는 제품 기획자와 디자이너, 프로그래머, 연구원들이 함께 모여 제품 기능과 디자인을 발표하는 시간을 갖는다. 이 프로젝트 팀은 VIP Value Innovation Program (가치 혁신 프로그램) 센터에 배치되어 근무를 시작하고, 각 부서장들은 해당 프로젝트가 완료될 때까지 자신의 팀원들을 그곳에 배치해 두기로 서약한다.

VIP 센터는 회사 내의 다양한 곳에서 사람들이 모여 매일, 또는 가끔 밤을 세워 가며 브레인스토밍을 하는 일종의 기관실 같은 곳이다. 그들은 50명에 이르는 '가치 혁신 전문가' 의 도움을 받아 경쟁업체의 제품이나 서비스를 연구하고, 협력사와 부품, 비용에 관한 데이터를 살펴보며, 디자인과 기술을 주제로 논쟁을 벌인다.

회사에서는 프로젝트 시작 단계부터 모든 사람을 한데 모아 격렬한 논쟁을 통해 서로간의 의견 차이를 좁히게 하는 것이 프로젝트 운영의 흐름을 부드럽게 하고, 더 나은 제품을 개발하는 데 도움이 된다고 믿고 있다. 삼성전자 수원 사업장에 자리한 이 센터는 하루 24시간 개방되어 있다. 예전에 기숙사로 사용하던 5층짜리 건물에 회의실이 스무 곳, 침실 서른여덟 곳, 부엌, 체육관, 목욕탕, 탁구대와 당구대 등이 갖추어져 있다. 한 해에 2천 명 정도의 팀원들이 이곳을 다녀가며, 90개 정도의 프로젝트를 완수한다. 이 센터에서 개발된 제품에는 얇고 가벼워 핸드백에 넣고 다닐 수 있는 TV 겸용 노트북 컴퓨터와 흑백 레이저 프린터와 비슷한 비용으로 개발된 컬러 레이저 프린터(CLP-500) 등이 있다.

프로젝트의 모든 단계에서 삼성 팀원들은 '가치 커브vaule curves'라는 그래프를 이용한다. 이것은 제품의 품질이나 디자인 같은 다양한 제품 속성들을 1에서 5단계, 즉 '형편없음' 부터 '뛰어남' 까지 다섯 등급을 매겨 보여주는 그래프다. 이 그래프를 통해 자사의 기존 제품, 프로젝트 모델과 경쟁사의 제품 등을 서로 비교할 수 있다 (2006년 7월 3일자 〈비즈니스 위크〉 기사 '삼성 캠프Camp Samsung').

마텔과 삼성은 서로 다른 부서 사람들을 모아 하나의 프로젝트 팀을 결성하고, 그들의 주의를 분산시킬 염려가 있는 업무를 차단함으로써 혁신 절차를 가속화시킨다. 창의력을 최대한 발휘하도록 하는 동시에 기존의 법칙을 과감히 부수며 혁신 프로젝트가 잘 굴러가는 것에만 초점을 맞춘다. 그리고 협력과 열정, 다양성을 통해 문제를 해결한다. 이러한 혁신 인큐베이터는 신제품 개발에 필요한 '사람', '기술', '시간' 세 가지 자원을 한 곳에 집중함으로써 기업의 타성과 부서 간의 간극을 극복하는 좋은 도구가 될 수 있다.

아이디어 탐색사를
활용하라

브리스톨 마이어스 스큅 Bristol Myers Squibb 사는 세계 일류 제약회사다. 이 회사의 수많은 팀원 중에는 아이디어 탐색사 Ideas Searcher로 불리는 팀원이 있다. 이 사람의 업무는 사람들이 내놓는 다양한 아이디어를 관리하는 것이다. 이 사람의 업무는 회사 내외부의 문제점을 찾아낸 후, 브레인스토밍 회의나 아이디어 콘테스트를 열어 문제 해결에 필요한 아이디어를 수집하는 것이다.

아이디어 탐색사는 보통 1년에 20~30회에 달하는 아이디어 생산 캠페인을 벌인다. 예를 들어, 이 회사의 당뇨 치료제 글루코파지 Glucophage의 전매특허 만료일이 다가오면, 아이디어 탐색사는 매출을 신장시킬 방법을 찾기 위해 캠페인을 벌인다. 몇몇 팀원들에게 "우리는 당뇨와 싸우고 있습니다. 여러분의 도움이 필요합니다."라고 적힌 샌드위치맨 광고판을 걸치고 다니게 하여 문제 해결 방안의 필요성을 알리는 식이다. 이러한 방법을 통해 회의 시간과 사내 인트라넷을 통해 다양한 아이디어를 수집한다. 이렇게 하여 모두 4천 개 이상의 아이디어를 수집했으며, 그 가운데 400개 이상이 평가 단계로 연결되었다.

　아이디어 탐색사처럼 아이디어 생산 프로그램을 이끄는 업무를 전담하는 팀원이 있으면, 회사 내에 창의적인 사고를 확산시키는 동시에 혁신을 더욱 활발하게 추진할 수 있다. 이러한 전담 팀원은 활력 넘치는 캠페인을 조직하기 위해 다양한 기법을 사용할 수 있다. 사실 해당 프로젝트를 이끄는 사람이 직접 아이디어 이벤트를 열기는 힘들다. 그 일을 불편하게 여기거나 필요한 시간을 투자하기 힘들 수 있기 때문이다. 반면에 아이디어 탐색사는 자신의 시간과 에너지를 모두 쏟아 다양한 아이디어를 창출해 낼 것이다.

20 혁신 아이디어의 승인 절차를 합리화하라

조직의 혁신 프로젝트 승인 절차를 도표로 그려보자. 가상의 새로운 아이디어를 예로 든다. 그것이 고객 만족을 높일 수 있는 좋은 아이디어로 승인받아 집행되려면, 상당한 비용과 여러 부서의 협력이 필요하다고 가정하자. 그 아이디어가 성공하려면 어느 정도 수준의 승인이 필요한가? 승인 과정에서 핵심 권한을 쥐고 있는 사람이 누구인가? 거부권을 행사할 수 있는 사람은 누구인가? 절차에 따라 진행하려면 어느 수준의 기획과 프로젝트 개발이 필요한가?

중단 또는 진행을 선택해야 하는 의사 결정 지점과 재심사 단계로 되돌아가는 경로가 잘 나타나도록 자세히 그린다. 그런 다음 몇 가지 질문을 해본다. 이 절차가 목적에 부합하는가? 지나치게 복잡하지 않은가? 새로운 제안이 거쳐야 할 관문이 너무 많은 것은 아닌가? 이렇게 도표로 그려서 표현해 보면 핵심 제품의 개발과 승인 절차는 효과적으로 만들어져 있지만, 규모가 작은 제품의 개발이나 공정 개선의 경우에는 승인 절차가 너무 많거나 까다로워서 사용이 어렵다는 것을 깨닫게 되는 경우가 많다.

영국 감사원이 정부 부문의 혁신을 점검한 후 부적절한 승인 절차가 혁신을 저해하고 있다는 사실을 발견했다. 핵심 조사 결과는 다음과 같다.

❯ 프로젝트의 검토 과정은 그 목적이 분명해야 하며, 프로젝트에 따르는 위험 부담에 따라 적절히 마련되어야 한다.

❯ 시험 삼아 실시하는 파일럿 프로젝트는 해당 프로젝트의 규모에 적합해야 하며, 본 프로젝트 실시 전에 미리 그 결과를 분석해야 한다.

❯ 역추진이 가능한 혁신 프로젝트는 확대 시행 전에 소규모로 신속하게 시험해야 한다.

❯ 의사 결정을 할 때 일정이 지연되는 경우에는 원가 손실, 특히 기대 수익을 고려해야 한다.

이러한 사항은 다른 대규모 조직에도 적용 가능하다.

21

계륵 같은 프로젝트는
과감하게 버려라

성공 가능성이 높은 프로젝트에 필요한 자원을 어디에서 찾을 것인가? 자원 공급에서 확실한 방법 중 하나는 기대에 부응하지 못하는 다른 프로젝트를 중단시키는 것이다. 대부분의 기업이 이러한 조치를 힘겨워한다. 하지만 머뭇거리다 보면 계속해서 쏟아져 나오는 다른 아이디어에 투입할 자본과 인력이 부족해진다.

자원 공급과 관련해서 발생하는 문제점은 프로젝트를 일단 시작하면 중단하기 매우 어렵다는 것이다. 대부분의 사람들은 시작된 프로젝트에 전력을 다하기 시작하고, 이미 쏟아 부은 노력이 수포로 돌아가는 것을 원치 않기 때문이다. 제안된 아이디어의 1차 평가 관문이 매우 중요하고, 그 평가 기준이 강화되어야 하는 이유가 바로 여기에 있다. 하지만 대부분의 기업이 공정하고 합리적으로 구축된 평가 절차가 없기 때문에, 어떤 자원이 어디에 어떻게 사용되었는지 확실히 알지 못한 상태에서 이미 실패했거나 한계에 이른 프로젝트에 매달린다.

자존심이나 절대 권력, 사내 정치 같은 요소가 혁신으로 나아가는 것을 방해한다. 조금이라도 흥미롭거나 약간의 잠재 수익만 있으면, 그 프로젝트는 계속 진행된다. 이미 투자한 자원 때문이다. 이것이 바로 '이제 와서 멈출 수 없어' 현상이다. 하지만 여기서 던져야 할 핵심 질문은 바로 이것이다.

"지금 이 자원이 가장 유용하게 쓰이고 있는가?"

특정 프로젝트에서 충분한 수익이 창출되더라도 훨씬 높은 투자 수익을 가져다 줄 다른 프로젝트의 실행을 막고 있다면 즉시 중단해야 한다. 성공 가능성이 낮은 아이디어나 시들시들한 프로젝트는 과감하게 쳐낼 줄 알아야 한다. 그래야만 건강한 다른 나무들이 잘 자랄 수 있다.

22

눈에 보이는 실물을
만들어라

어떻게 하면 남들이 새로운 아이디어를 받아들이게 할 수 있을까? 그들이 비판을 즐기는 것보다는 개념을 파악하고 이해하며, 창의적인 제안을 내놓게 만드는 방법은 무엇일까? 이러한 문제를 해결하는 데 가장 좋은 방법은 아이디어를 눈에 보이는 실물로 만드는 것이다. 시제품을 제작하라.

아래 내용은 미국의 디자인 컨설팅 회사 아이디오IDEO의 톰 켈리Tom Kelley가 들려 준 사례다. 팜Palm 사의 창립자 제프 호킨스Jeff Hawkins가 다소 미흡한 점이 있던 팜파일럿Palmpilot을 대체하기 위해 팜 V PDA를 개발할 당시의 이야기다.

　"착수 단계부터 호킨스는 팜V를 명사가 아닌 동사로 생각했어요. 그는 주머니에 나무로 대충 만든 모형을 가지고 다니며 회의 시간에 꺼내어 메모를 하거나 달력을 확인하는 흉내를 냈어요. 그가 이 사실을 알고 있었는지 모르겠지만, 포스트잇을 발명한 아트 프라이Art Fry와 비슷한 탐구 과정을 거치고 있었던 것이죠. 프라이는 자신이 만든 조그만 스티커를 비서들과 동료들에게 나누어 주면서, 자신의 혁신 제품이 스스로 생명력을 얻어 가는 것에 대해 즐거워했어요."

PDA이나 포스트잇은 눈으로 볼 수 있는 유형의 상품이기 때문에 가능한 것이라고 생각할 수도 있다. 그렇다면 서비스와 같은 무형의 상품일 경우에는 시제품을 어떻게 만들 것인가? 해답은 '롤 플레이role play'에 있다. 고객이나 컨설턴트, 서비스 제공자 등 필요에 따라 역할을 정해 롤플레이를 하여 사람들에게 새로운 서비스를 보여줘라.

사람들은 말뜻을 정확하게 알아듣지 못할 뿐만 아니라 추상적인 개념은 쉽게 이해하지 못하는 경향이 있다. 당신의 머릿속에서는 명확한 아이디어가 다른 사람들 머릿속에서는 뒤죽박죽이 될 지도 모른다. 가능하다면 그들이 보고 만지고 느낄 수 있는 무언가를 만들어야 한다. 그 순간 사람들은 무엇을 어떻게 개선할 수 있는지에 대해 멋진 아이디어를 내주기 시작할 것이다.

미국의 피플스 뱅크People's Bank에서 새로운 아이디어를 대하는 태도는 참신하고 독창적인 면이 있다. '따지지 말고 일단 시험해 보라!'라는 이 말은 혁신적 금융 기관의 핵심 철학 중 하나다. 한 아이디어가 성공할 것이냐 실패할 것이냐 끊임없이 언쟁만 벌이고 소득은 거의 없었던 이 은행이 패러다임을 바꾸어 '판단하기 전에 시험하라!'라는 접근법을 시도한 것이다. 결과적으로 이 은행은 새로운 아이디어를 최대한 빨리 현실로 바꾸고, 통제된 환경에서 그것을 시험하여 가능성을 점검한 후 아이디어를 개선하는 데 온 힘을 쏟게 되었다.

23

따지지 말고 일단
실행하라

    실제 제품도 시제품 제작과 마찬가지다. 제품을 가능한 한 빨리 시장에 내놓는 방안을 찾아야 한다. 즉 혁신을 실행에 옮기지 않으면 혁신 과정에서 행한 모든 일이 무의미하다. 관련된 모든 창의력, 아이디어, 과정, 시제품, 그리고 스테이지와 게이트의 최종 목적은 혁신이 적용된 제품이나 서비스, 혹은 업무 방식을 새롭게 만드는 것 아닌가? 결과물이 현장에서 운영되기 시작할 때, 비로소 혁신은 현실이 된다.

    비즈니스 세계에는 '준비', '발사', '조준' 이라는 말이 있다. 목표물이 정확히 조준될 때까지 기다리지 말고 최선을 다해 발사한 다음 어떤 일이 벌어지는지 살펴보라는 뜻이다. 물론 낙하산이나 식품, 약품을 생산하는 업체라면 품질이 완벽하게 입증되지 않은 제품을 출시해서는 안 되지만, 다른 분야에서는 얼마든지 가능하다.

    최종 제품에 발생할 수 있는 모든 가능한 문제점을 시험하고, 사소한 부분까지 출시를 계획하고, 제품이 경쟁사의 눈에 띄지 않게 출시 순간까지 숨기고 싶은 욕구는 누구에게나 있다. 하지만 그렇게 하다 보면 분석만 거듭하다가 아무것도 하지 못하는 상태가 되어 영영 실행에 옮기지 못한 채 계획에만 머무르기 쉽다. 계획과 시험 단계는 필수적이지만, 해당 프로젝트의 성격과 그에 따르는 위험도에 적합할 정도로만 진행되어야 한다.

위에서 설명한 피플스 뱅크의 접근 방식은 이런 의미에서 매우 바람직하다. 그들이 실천하고 있는 '따지지 말고 일단 시험해 보라!'라는 혁신 철학은 시제품뿐만 아니라 실제 제품에도 그대로 적용될 수 있다. 또한 그 말은 버진 그룹의 신조인 '닥치고 일단 해보자! Screw it, let' s do it!'라는 말과도 일맥상통한다.

가능하다면 시장에 시험 삼아 제품을 출시한 후 고객의 반응을 분석해 보는 것도 좋다. 연구실이나 심층 면접에서 알아내는 것보다 현장에서 얻는 것이 훨씬 많을 것이다.

혁신은 마치 아이들의 전함 놀이와 비슷하다. 확실치 않아도 몇 차례 사격을 해보고 그것이 무언가를 맞히는지 살피는 것이다. 실패했다면 다른 곳으로 이동해서 다시 시도해 본다. 비즈니스도 마찬가지다. 일단 발사해 보고 맞는 것이 있으면 그것이 무엇인지 자세히 살펴본다. 그곳에 있는 기회가 얼마나 큰지 알아보는 것이다.

실행을 대하는 태도는 실패를 대하는 태도와 밀접하게 관련되어 있다. 실패를 겁내면 혁신을 실행에 옮기는 것도 두려워한다. 실패라는 위험 부담을 다루는 데 익숙하다면, 시장에서 새로운 일을 시도하는 일이 흥미진진하게 느껴질 수 있다. 그것이 바로 어떤 것이 통하고 어떤 것이 통하지 않는지를 알아낼 수 있는 가장 좋은 방법이기 때문이다.

이노베이티브 리더에게는 끊임없이 호기심이 샘솟는다. 그들은 직접 시장에 뛰어들어 혁신을 시도해 보고, 초기 사용자들로부터 받은 피드백을 평가해 보고 싶어 혈안이 되어 있다. '자주, 하지만 저렴하게 실패한다!' 라는 것이 그들의 신조다. 그들은 최대한 빨리 혁신을 실행에 옮긴다. 가능성이 없는 것들은 곧바로 중단하고 성공하는 것에 모든 힘을 쏟는다. 그들은 실행을 통해 성공으로 가는 길을 연다.

24 고객의 반감을 극복하라

혁신의 가장 큰 장애물은 그것을 통해 가장 큰 혜택을 받는 사람, 즉 고객일 경우가 많다. 고객은 매우 보수적이다. 놀라운 신상품이나 서비스를 내놓으면 처음에는 아무 감흥을 받지 못한 것처럼 군다. 왜 아직 기능이 입증되지도 않은 새로운 상품을 구입하는 모험을 하겠는가? 신제품에는 곧잘 문제가 나타나기도 한다는 사실을 이미 잘 아는 그들이 왜 실험용 쥐가 되려 하겠는가? 고객은 현재의 방식에 익숙해져 있다. 왜 굳이 그것을 바꾸려 하겠는가?

이것은 자연스러운 현상이기 때문에 주의 깊은 대처가 필요하다. 영업을 맡은 팀원들이 혁신의 혜택에 대해 매우 능숙한 솜씨로 설명을 해도 고객은 일단 의심을 품을 것이다. 그러므로 그들을 안심시키고 위험 부담을 줄여 줄 방법을 찾아야 한다.

이와 동시에 얼리 어답터(새로운 유행이나 신제품에 민감하게 반응하고 먼저 사용해본 후 주위에 제품 정보를 알려 주는 성향을 지닌 소비자 군)에게 긍정적인 피드백과 입소문을 얻어 시장 내 견인차를 확보해야 한다. 그렇게 하면 고객의 고민거리를 알아채고, 그것을 경감시킬 대안을 미리 내놓을 수 있다. 예를 들어, 얼리 어답터^{Early adopter}를 대상으로 다음과 같은 시도를 할 수 있다.

- ▶ 신제품을 무료 체험해 볼 수 있게 한다.
- ▶ 기존 서비스를 계속 제공하여 원하는 경우에는 언제든지 그것을 다시 이용할 수 있게 한다.
- ▶ 환불 보장 서비스를 제공한다.
- ▶ 최고 수준의 서비스 전문가에게 직접 연락할 수 있는 특별 서비스를 제공한다.
- ▶ 공동 서비스 수준 협약을 체결한다.
- ▶ 환불 서비스와 제공될 혜택을 강조하고, 필요한 경우에는 이러한 조건 이 충족될 때에만 요금을 받는 형식을 제안한다.
- ▶ 시제품이 성공을 거둘 경우 해당 분야 잡지에 그들에 대한 긍정적인 홍보 기사를 내주겠다고 약속한다.

무엇보다도 중요한 것은 초기 고객을 정확하게 선정하는 것이다. 신기술을 좋아하는 사람들이 있는가 하면 싫어하는 사람들도 있다. 우수 고객들 중 최고의 얼리 어답터들을 뽑아서 그들의 상품평을 확보하라. 이때 우리와 그들의 목표는 같다. 양측 모두 윈-윈^{win-win}하는 결과가 나오도록 해야 한다.

The
INNOVATION
MANUAL

말하지 말고 질문하라

이노베이티브 리더는 늘 호기심이 끊이지 않는다. 그들은 언제나 질문을 쏟아낸다. 그리고 자신의 그러한 습관을 다른 사람들에게도 전파하려고 애쓴다.

2006년 10월 2일 〈타임〉지에 구글의 CEO인 에릭 슈미트Eric Schmidt에 관한 기사가 실렸다.

"우리는 정답이 아니라 질문으로 회사를 운영합니다. 그래서 전략 수립 단계에서 지금까지 약 30개 정도의 질문을 만들었어요. 예를 들면, '인터넷 검색 분야에서 다음에 일어날 혁명이 무엇일까?' 같은 식으로 말이죠. 경쟁에 관한 질문들도 만들었어요. '마이크로소프트의 다양한 제품에 어떻게 대처해야 할까?' 이것을 정답이 아니라 질문의 형태로 내놓습니다. 그러면 자연스럽게 대화가 시작됩니다. 이러한 대화에서 혁신이 나오는 겁니다. 혁신이란 어느 날 아침에 일어나 '혁신을 일으켜야겠어!' 라고 결심한다고 해서 만들어지는 것이 아닙니다. 질문 형식으로 문제를 제기하다 보면, 더 나은 혁신적 문화로 발전할 수 있다고 생각합니다."

짐 콜린스Jim Collins는 자신의 저서 〈Good To Great〉에서 이렇게 말했다. "좋은 기업을 넘어 위대한 기업으로 가는 데 다소 역설적이지만, 필수적인 요소가 한 가지 있다. 그것은 바로 최고의 해답을 찾아 늘 논쟁하다가도 일단 의사 결정이 내려지면 자신의 이익을 따지지 않고 서로 완벽하게 협력하는 리더들이다." 우리에게는 한편으로 비판적이지만 다른 한편으로는 지지를 아끼지 않는 팀원들이 필요하다.

모든 사람들이 조직에서 첫 날을 맞을 때 수많은 기본적인 질문을 던진다. "이 일을 왜 할까?" "저 일을 하는 목적이 무엇일까?" 하지만 시간이 흐르면 더 이상 기본적인 질문을 하지 않는다. 지금 사용하는 방식이 이 일을 하는 데 가장 자연스럽고 질서정연한 방법이라고 단정하기 때문이다. 이러한 사고방식은 바뀌어야 한다. 혁신적인 문화를 만들기 위해서는 먼저 모든 사람들이 자유롭게 질문할 수 있고, 실제로도 질문하는 분위기가 조성되어야 한다.

사람들은 왜 질문을 꺼리는 것일까? 여기에는 세 가지 이유가 있다. 첫 번째는 안락함과 만족, 심지어는 게으름 때문이다. 일이 부드럽게 잘 풀리고 있는데, 왜 굳이 변화를 일으키려 하겠는가? 두 번째는 단순히 일이 너무 바쁘다 보니, 잠시 일을 멈추고 '이 일을 왜 하는지', 혹은 '이 일을 더 효과적으로 할 수 있는 방법이 없는지' 질문을 던질 시간이 없다는 것이다. 맡은 업무에 시간과 에너지를 빼앗겨 다른 곳에 신경 쓸 여유가 없는 셈이다. 마지막으로 세 번째는 많은 사람들이 바보처럼 보일까봐, 혹은 상사의 권위나 회사의 규정에 도전한다고 비난받을 것을 두려워하여 질문하지 않는다는 것이다.

이러한 문제는 개별적으로 주의 깊게 살펴봐야 한다. 각 직급별 리더들은 팀원들이 자유롭게 질문하도록 독려하고, 누군가 비판을 하면 그것을 반가운 마음으로 받아들여야 한다. 대부분의 관리자들이 이러한 일을 어려워한다. 그들은 일단 회사의 규정이 정해지고 나면 모든 사람들이 그것에 따라야 하고, 목표 달성을 위해 열심히 일해야 한다고 생각한다. 물론 넓은 의미에서 보자면 이것은 옳은 말이다. 사람들이 끝도 없이 말다툼을 벌인다면 큰일 아닌가? 그래서 어떤 비판이든 자유롭게 던지고 받아들일 수 있는 기회를 마련하는 것이 좋다. 또한 질문을 하고 싶어도 참는 사람들의 태도를 바꿔야 한다. 순수한 질문에 대해서는 놀리거나 비판하거나 비아냥거려서는 안 된다.

일석삼조의 효과를 누릴 수 있는 가장 좋은 방법은 브레인스토밍 회의를 마련하는 것이다(91~103쪽을 참조). 이를 통해 직원들은 자유롭게 질문을 던지고 제안할 수 있는 시간과 장소를 얻는다. 브레인스토밍 회의는 이색적인 아이디어를 자극하고, 회사의 어떠한 규정이나 정책도 비판할 수 있는 질문까지 환영한다. 아이디어 생산 단계에서는 부정적이고 냉소적인 반응을 보이거나 비판하지 않는 것이 브레인스토밍의 규칙이다.

창의적인 아이디어와 혁신적인 제품을 만들어 내고 싶다면, 건전한 의미에서 무엇이든 질문할 수 있는 사내 문화를 만들어라. 지금 즉시 브레인스토밍 기법을 이용하여 역동적인 아이디어 생산 회의를 시작하라.

02

혁신 모험가들을 찾아내 칭찬하라

조직의 문화를 바꾸려고 할 때, 가장 좋은 방법 중 하나는 바람직한 행동을 하는 사람에게 칭찬을 해주는 것이다. 팀원들이 조금 더 모험적이고 자주적이며 혁신적이길 바란다면, 그렇게 행동하는 사람을 골라내어 칭찬을 해주면 된다. 창의적이고 혁신적으로 일하는 사람을 찾아내 유난스럽게 드러내놓고 칭찬하라.

위험과 실패를 두려워해 새로운 도전을 꺼리는 분위기가 조직 내에 팽배해 있다고 하자. 새로운 일을 시도했지만 성공하지 못한 사람이 있는지 찾아보고, 모두가 모인 자리에서 그 사람을 불러내 이렇게 말하라.

"여기 존이 새로운 시도를 했어요. 안타깝게도 성공하지는 못했지만, 새로운 일을 시도하는 것이야말로 바로 지금 우리에게 필요한 정신입니다. 이 시제품을 용감하게 밀어붙인 존에게 박수를 보내고 싶어요. 덕분에 우리는 소중한 교훈을 얻었습니다. 혁신을 하려면 새로운 것들을 더 많이 해봐야 하고, 그런 과정에서 겪을 수밖에 없는 좌절에 미리 대비해야 한다는 점입니다. 자, 다 같이 존에게 격려의 박수를 보냅시다!"

이것은 성공을 거둔 시도를 칭찬하는 것보다 훨씬 더 강력한 효과를 발휘한다. 물론 성공을 칭찬하는 것도 잊지 말아야 하지만, 실패에 대한 칭찬은 현재의 사내 문화에 반기를 들도록 하는 강력한 메시지를 전달하는 것과 같다.

팀 회의가 있는 자리에서 다음과 같은 일을 한 팀원을 불러내 칭찬해 보자.

> ❥ 훌륭한 아이디어를 낸 사람
> ❥ 새로운 방식을 시도해 본 사람
> ❥ 전통적인 사고방식에 도전장을 던진 사람
> ❥ 외부 아이디어를 회사에 들여온 사람
> ❥ 다른 팀이나 조직과 협력해서 일한 사람
> ❥ 위험을 감수할 줄 아는 사람
> ❥ 어떤 일이든 실행에 옮겨서 결과물을 만들어 낸 사람

칭찬은 리더가 가진 가장 강력한 무기 중의 하나다. 이노베이티브 리더는 칭찬을 최대한 효과적으로 자주 사용해야 한다는 것을 명심하라.

03

약점보다 강점에
포커스를 맞춰라

일반적으로 사람은 실패한 일에만 관심을 쏟으면서 문제를 해결하려고 애쓴다. 여러 사람이 모여 어떤 일이 제대로 진행되지 않는지 이야기하고, 그것을 제대로 돌려놓을 방법을 찾아 머리를 굴리는 것이 전형적인 회의 시간 풍경이다. 하지만 그러다 보면 서로 비난하고 논쟁을 벌이다가 부정적인 태도를 보이고 짜증만 내기 일쑤다.

관리자들 대부분은 흔히 다음과 같은 질문을 한다.

> 왜 매출이 떨어졌는가?

> 무엇이 생산을 저하시키고 있는가?

> 고객 불만 사항을 어떻게 처리할 것인가?

> 말을 잘 듣지 않는 팀원들을 어떻게 할 것인가?

> 현재 업무 방식에 어떤 문제가 있는가?

> 어디에서 업무 처리 속도를 높일 수 있는가?

> 이러한 모든 문제를 어떻게 해야 해결할 수 있는가?

이와 같은 사항들은 모두 좋은 질문이고 해결해야 할 과제이기도 하다. 하지만 부정적인 측면에만 관심을 쏟다 보면 긍정적인 측면에서 얻을 수 있는 기회를 놓치기 쉽다. 리더들은 다음과 같은 질문을 하는 데 더 많은 시간을 쏟아야 한다.

- ❯ 우리의 핵심 강점은 무엇인가?
- ❯ 고객이 우리 회사에 대해 긍정적으로 보는 점은 무엇인가?
- ❯ 순조롭게 진행되고 있는 일은 무엇인가?
- ❯ 최근에 예상 외로 좋은 결과를 얻은 일은 무엇인가?
- ❯ 최근에 새로 확보한 고객은 누구인가?
- ❯ 어떤 면에서 우리가 고객을 만족시켰는가?

자사 또는 자기 팀의 강점과 역량에 초점을 맞추면 긍정적인 기회를 발견할 수 있다. 현재의 모델을 수정하는 것에만 집중하다 보면 새로운 가능성을 놓치기 쉽다. 문제를 해결하고 약점을 줄이는 것에만 모든 에너지가 투입됨으로써, 새로운 시작의 계기가 될 혁신의 기회를 잡지 못하는 셈이다.

이것은 개인의 경우에도 마찬가지다. 아장아장 걸어 다니는 유아기에는 행동 하나하나에 대해 모든 이들이 칭찬을 아끼지 않는다. 그러나 학교에 들어가면 상황이 변하고 판단 기준이 바뀌기 시작한다. 학업 성취도에서 문제점이 지적되고, 선생님들은 개선할 여지가 있는 사항에 대해서만 이야기한다. 성인이 되어 직장에 들어가면 경험과 권한 부족을 뼈저리게 느끼게 된다. 연말에 업무 성과를 평가

하는 시기가 되면 중점적으로 개선할 사항에 대한 조언을 듣는다. 그리고 약점을 보완하기 위한 교육과 트레이닝 계획을 세운다. 강점은 당연시되고 소위 '두루두루 잘하는 사람'으로 만들기 위해 능력 개발은 약점에만 집중되는 것이다.

하지만 성공으로 가는 열쇠는 우리의 강점을 더욱 살리고, 그것을 통해 약점을 보완하는 데 있다는 것을 명심해야 한다. 만약 그림을 못 그리지만 노래를 잘한다면, 굳이 팔방미인이 되기 위해 애쓸 필요가 있는가? 뛰어난 가수가 되기 위해 애쓰면 되지 않겠는가?

리더는 자사(또는 조직)의 진정한 재산이 무엇인지를 찾아야 한다. 자사의 핵심 강점과 역량은 무엇인가? 우리가 잘하는 것이 무엇인가? 마케팅 실력이 뛰어나지만 경영 관리가 형편없다면 관리 시스템을 개선하기 위해 굳이 막대한 시간과 에너지를 투자할 필요가 있는가? 대신 그것을 잘 관리해 줄 외부인에게 맡기고, 내부에서는 자사의 강점인 마케팅에 더 관심을 쏟는 것이 낫지 않겠는가?

성공 사례를 찾아보거나 고객과의 대화를 통해 어떠한 면에서 우리가 다른 기업보다 더 뛰어난지 알아보라. 그런 다음 강점을 더욱 키워라. 우리가 약한 분야는 외부의 파트너를 찾아 채우도록 하고, 우리의 강점을 이용할 수 있는 창의적인 방법을 찾는 데 모든 시간을 투자하라.

04 | 웃음과 재미를 선사하라

창의적인 팀을 만들고 싶다면 재미있게 일할 수 있는 일터로 만들어라. 유머와 장난기, 웃음은 창의력을 북돋아주는 원천이 된다는 점을 명심하라. 물론 혁신이란 진지한 주제지만 늘 진지하게 사고하고 생각한다고 해서 혁신이 금세 시작되는 것은 아니다. 유머에는 전통에 도전하고, 금기를 비틀며, 예상하지 못했던 생각을 끌어내는 힘이 있다. 이러한 까닭에 유머는 창의력의 동반자이기도 하다.

어떻게 하면 회사에서 더욱 재미있게 일할 수 있는지 팀원들에게 물어보고, 좋은 아이디어라고 생각되면 곧바로 실행에 옮겨 보자. 다음과 같은 방법을 시도해 보는 것은 어떨까?

◈ 가장 무도회를 연다. 일부러 형편없이 차려입기, 요란하게 차려입기, 영화배우 흉내 내기, 동물처럼 차려입기 등 다양한 주제를 시도해 보자. 특이한 것을 해보되 사람들에게 불쾌감을 주지 않도록 주의한다.

◈ 지원자를 골라 회의 시작마다 유머를 말하게 하여 회의 분위기를 편안하고 부드럽게 만든다.

- 찰흙, 블록 같은 완구나 창의적인 재료를 다양하게 갖춘다.
- 휴식 시간에 게임을 즐긴다. 테이블 풋볼(2인이 봉에 매달린 축구선수 모양 인형을 조종하여 상대방의 골대에 골을 넣는 테이블 게임)이나 핀볼, 다트 게임 등을 실시한다.
- 회의를 시작할 때나 회의 중간에 분위기를 전환시킬 수 있는 가벼운 게임을 실시한다.
- 그림이나 조각 용품을 구매한다. 직원들이 취미 활동으로 그림을 그리거나 조각 등을 할 수 있도록 워크숍 시간을 마련한다.
- 즉석 콩트를 할 수 있는 워크숍을 마련한다. 이 방법은 직원들의 억압된 마음을 열어 줄 뿐만 아니라, 새로운 일을 시작하게 할 수 있다는 점에서 매우 효과적이다.

우스꽝스러운 일을 하거나 스스로 놀림감이 되어야 하는 이벤트를 열 계획이라면, 부서장이나 팀장 또는 다른 간부급 팀원들이 솔선수범하는 것이 좋다. 이를 통해 팀원들과의 사이에 놓여 있던 장벽을 허물어 수직적인 계층 개념을 줄이며, 자유로운 사고 활동을 장려할 수 있다.

구글의 사명 선언문에는 '최고의 기술도 개선할 여지가 있다'는 것, 그리고 '혁신은 우리의 혈관을 타고 흐른다'라는 문장이 있다. 구글에는 팀원들이 자신의 업무 시간 중 20%를 '재미있는 개인적 프로젝트'에 할애할 수 있는 제도가 있다. 구글 어스, 프루글, G메일 같은 주요 혁신 상품은 이렇게 해서 탄생되었다.

'꾸러미 돌리기(141쪽 참조)' 같은 다양한 창의력 훈련 기법들은 사람들이 우스꽝스러운 행동을 하게 만들며, 웃음과 재미를 동반한다. 사람들이 소리 내어 웃으면서 장난기가 발동하기 시작하면 보다 더 창의적이고 엉뚱하며, 획기적인 혁신 아이디어가 쉽게 나올 것이다.

05

시도할 자유와 실패할 자유를 줘라

아이디어를 평가하는 가장 좋은 방법은 그것을 분석하는 것이 아니라 실제로 해보는 것일 때가 많다. 수많은 아이디어를 실행에 옮기는 조직은 그만큼 많이 실패를 맛보겠지만, 획기적인 성공을 거둘 확률도 그만큼 높아진다. 수많은 시도를 거듭함으로써 그 가운데 하나가 엄청난 성공을 거둘 가능성을 높이는 것이다. 아이디오 IDEO 사의 톰 켈리 Tom Kelley가 말한 것처럼 '빨리 성공하려면 자주, 그리고 많이 실패하라.'

2006년 11월 22일자 〈파이낸셜 타임즈〉 지에 런던의 로열 오페라 하우스 예술 감독 데보라 불 Deborah Bull에 관한 기사가 실렸다. 그녀는 소규모 극단들이 엉뚱한 아이디어를 가지고 다양한 작품을 시도하는 것에 대해 긍정적으로 평가하면서 이렇게 말한다.

"모든 작품이 히트를 치고 비평가들을 만족시켜야 한다는 생각에서 벗어나야 해요. 하는 일이 모두 성공을 거둔다면, 그것은 곧 우리가 실패하고 있다는 뜻이지요. 그만큼 모험을 하지 않고 있다는 이야기니까요."

일본의 혼다자동차는 배기량이 낮은 오토바이를 만들기 시작했는데, 1959년에 처음으로 미국 시장에 진입했다. 그들은 대도시 인근 지역에서 잘 팔리는 소형 오토바이가 도로가 넓은 미국 시장에서는 통하지 않는다는 사실을 깨닫기까지 실패에 실패를 거듭했다. 마침내 배기량이 높은 오토바이가 출시되었고, 그 제품은 엄청난 인기를 누렸다. 혼다자동차 창립자인 소이치로 혼다는 이런 말을 남겼다.

"많은 사람들이 성공을 꿈꿉니다. 성공이란 거듭된 실패와 자기반성을 통해서만 이룰 수 있어요. 99%의 실패에서 나온 1%의 결과가 바로 성공입니다."

미국의 실리콘 벨리는 첨단 기술의 성장 엔진을 달고 엄청난 성공을 누리고 있다. 왜 그럴까? 그것은 다윈의 진화론 중 '실패'라는 단계 덕분이다. 작가인 마이크 멀론Mike Malone은 이렇게 말했다.

"사정을 잘 모르는 외부 사람들은 실리콘 벨리를 성공의 상징으로 여깁니다. 하지만 사실 그곳은 실패한 기업의 공동묘지 같은 곳이에요. 실패가 바로 실리콘 벨리의 가장 위대한 강점이지요. 실패한 모든 제품이나 기업이 하나의 교훈이 되어 실리콘 벨리의 기억 장치에 저장되어 있습니다. 그곳에서는 실패자에게 낙인을 찍지 않습니다. 오히려 실패한 사람들에게 찬사를 보냅니다. 벤처 투자자라면 기업가의 이력서에서 약간의 실패 경력을 보고 싶어 할 겁니다."

실패의 이점이라는 개념을 정립하기 위해 펜 주립대학Penn State University은 공학도들을 대상으로 '실패 입문 101'이라는 강의를 개설했다. 여기서 학생들은 위험을 감수하고 다양한 실험을 해야 한다. 더 많이 실패할수록 더 빨리 A 학점을 받을 수 있다.

실제로 수많은 획기적인 성공 사례들이 실패에서 비롯되었다는 것을 알고 있는가? 콜럼버스는 인도로 가는 새로운 항로를 개척하기 위해 항해에 나섰다가 실패했다. 하지만 그는 인도 대신 아메리카 대륙을 발견했다. (콜럼버스는 그곳을 인도라고 생각했기 때문에 원주민들을 인디언이라고 불렀다.) 샴페인은 돔 페리뇽Dom Perignon이라는 수도사가 발명했는데, 실수로 와인 한 병이 2차 발효를 시작해서 만들어진 것이었다. 3M에서 개발한 접착용 풀은 사실상 실패한 제품이었다. 도무지 접착이 되지 않았기 때문이다. 하지만 이것은 훗날 포스트잇의 기초가 되었고 실로 엄청난 성공을 거두었다.

세계적인 제약 회사 머크Merck의 과학 감독인 다리아 하주다Daria Hazuda는 HIV(후천성 면역 결핍 증후군AIDS을 일으키는 원인 바이러스) 치료제 개발팀을 이끌고 있다. 2006년 10월 30일자 〈포춘〉 지에 게재된 기사에서 그녀는 이렇게 말했다.

"저에게 실패한 실험이란 새로운 정보를 얻을 수 있는 원천이에요. 사람들은 보통 긍정적인 결과에만 관심을 가져요. 하지만 신약 개발에 성공한 사람들을 관찰해 보면 부정적인 결과에서 성공의 원인을 찾은 경우가 많아요. 그들은 실패한 정보를 받아들여 전체적인 관점에서 다시 생각하는 것이죠."

화이자Pfizer 제약의 연구원들은 고혈압을 치료할 목적으로 비아그라Viagra라는 신약을 시험했다. 고혈압 개선에는 실패했지만 실험 군에 있던 남성 환자들이 한 가지 흥미로운 부작용이 있다는 사실을 알려 주었다. 화이자 제약은 부작용을 더욱 자세히 연구했고, 이 약이 남성의 성 능력 향상에 놀라운 효과가 있다는 사실을 밝혀냈다.

이로써 비아그라는 세계에서 가장 성공적인 실패작이 되었다.

실패를 통해 성공하는 비결은 무엇일까?

- ◆ 성공할 자유를 줄 때 실패할 자유도 함께 주는 것이라는 사실을 인지시켜라.
- ◆ 두 종류의 실패를 잘 구분하라. 정직한 노력과 시도에도 불구하고 성공하지 못한 '명예로운 실패'와 투입한 노력이나 역량이 부족해서 성공하지 못한 '무능력에 의한 실패'가 있다.
- ◆ 명예로운 실패는 비난받지 않을 것이라는 사실을 알려라.
- ◆ 혁신적인 일을 시도했다가 성공하지 못한 경우, 실패를 인정하거나 심지어는 자랑할 수 있는 분위기를 만들어라. 이것을 교훈적인 경험으로 바꾸는 것이다.
- ◆ 위험을 극히 꺼리고 실패에 대해 남을 비난하는 문화라면 명예로운 실패에 대해 격려하고 상을 줌으로써 문화를 바꿀 수 있다. 명예로운 실패를 경험한 사람들을 공개적으로 칭찬하고 보상하라.

설사 실패가 성공으로 연결되지 않더라도 성공을 향한 한 걸음 전진으로 볼 수 있다. 발명가 에디슨의 실패에 대한 태도는 본받을 만하다. 실험 중 몇 건이나 실패했느냐는 질문을 받았을 때, 그는 그것이 실패가 아니라고 했다. 단지 제대로 통하지 않는 방식을 새로이 발견한 것이었다.

알레시Alessi는 창의적인 디자인으로 유명한 이탈리아의 주방용품 회사다. 이 회사에는 가장 뛰어난 실패작들을 전시해 놓은 박물관이 있다. 대부분의 기업이 최고의 성공작을 전시하지만, 알레시는 자사의 디자이너들이 현실에 안주하는 것을 막고 실패가 혁신적인 성과의 밑거름이 된다는 사실을 상기시키고 싶었던 것이다.

이노베이티브 리더는 실험하는 문화를 장려해야 한다. 직원들에게 실패란 성공으로 나아가는 길에서 한 걸음 전진한 것과 같다는 사실을 가르쳐야 한다. 진정으로 신속하게 혁신을 주도하려면 사람들에게 혁신할 자유, 실험할 자유, 그리고 성공할 자유를 주어야 한다. 이것은 실패할 자유를 주는 것과 마찬가지다.

06

현재의 성공에
저항하라

성공은 혁신의 적이 될 수 있다. 성공가도를 달리는 기업의 눈에는 성공이 앞을 가려서 혁신을 볼 수 없게 만들 수 있기 때문이다. 성공에 안주하려는 욕망이 과감한 아이디어를 미리 차단하는 예방 주사처럼 작용한다. 그렇다면 왜 성공하고 있는 공식을 굳이 바꿔야 하는가? "성공을 저해하지 마라!" 이것은 대부분의 사람들이 하는 말이다. 하지만 기업 경영의 공동묘지에는 한때 소위 잘 나가던 스타 기업들이 수두룩하다. 한동안 하늘 높은 줄 모르고 치솟다가 무참히 땅으로 떨어져 버린 기업 말이다. "성공은 기업가가 아니라 심부름꾼을 길러낸다." 조직 관리의 대가 게리 하멜의 말이다. 사람은 자신이 가진 것을 보존하고 아껴 더 키우고 싶어 하는 법이다. 하지만 기업 경영에서는 이러한 방식이 모험을 꺼리게 만들고 진취적인 행동을 가로막는다.

하버드 경영대학원 클레이튼 크리스텐슨 교수는 이러한 사고 과정에 대해 설득력 있는 이론을 내놓았다. 그는 철강 회사부터 컴퓨터 하드디스크 생산 회사까지 다양한 분야에서 사례를 분석했다. 그 결과 신기술이 도래하면 기존 기술의 선두주자는 모험과 도전을 망설이다가 기술 전환의 시기를 놓친다는 점이다. 즉 혁신보다는 점진적 개선에만 익숙한 고객에게 귀를 기울이는 실수를 범하는 것이다. 고객들은 경영자들에게 기존 제품을 개선한 빠르고 멋진 버전을 원한다고 이야기할 뿐이다. 그러면 경영자들은 새로운 기술이 위험 부담이 크고 품질을 보장할 수 없을 뿐만 아니라, 기존 제품과 충돌함으로써 매출 손실이 일어날 것을 염려하여 신기술을 도입하지 않으려고 한다. 그래서 결과적으로 새로운 기술을 도입하여 고객의 마음을 사로잡는 것은 새로 시장에 진입한 신생 기업인 경우가 많다.

기업 내부에 존재하는 정치적 영향력 또한 새로운 아이디어를 방해하는 요소다. 사실 대부분의 기업은 현재의 성공적인 사업 모델에서 나오는 매출이 총매출의 상당 부분을 차지한다. 그리고 그것을 기반으로 사업이 굳건히 확립되어 있다. 따라서 새로운 모델로의 전환은 기존의 수입과 기반, 브랜드의 명성을 위협하는 것으로 받아들이는 것이다.

이노베이티브 리더는 성공이라는 현실에 안주하는 문화에 거세게 저항해야 한다. 우리에게 필요한 것은 실험과 변화를 향한 끊임없는 갈망이다. 현재의 성공은 일시적인 것이며, 미래에 더 위대한 것을 성취하기 위한 발판일 뿐이라는 사실을 명심하자. 신기술과 신제품을 만들어 내기 위해 새로운 방식을 끊임없이 연구하고 실험할 때에만 위대한 성공을 이루어낼 수 있다.

07 | 수수께끼를 내주고 함께 풀어라

모든 경영상의 문제는 수수께끼와 같다. 그러므로 팀원들이 창의적인 문제 해결사가 되게 하려면 수수께끼를 놓고 훈련하도록 만들어야 한다. 수수께끼나 두뇌 회전 퍼즐, 퀴즈, 논리 문제, 가로세로 낱말 맞추기, 단체 게임 등은 창의적인 사고를 요하는 회의 시간에 서먹서먹한 분위기를 해소하는 데 유용하다.

수평적 사고 수수께끼(혹은 상황 수수께끼)는 질문과 듣기 능력, 팀워크, 상상력을 향상시키는 데 효과적이다. 먼저 기묘한 설정을 설명하고 제한된 정보만 알려 준 다음, 사람들이 질문을 통해 상황을 파악하도록 해야 한다. 문제를 내는 사람은 '예', '아니오', '관련 없음'의 세 가지 방식으로만 대답할 수 있다. 아래에 몇 가지 문제를 예시한다. 정답은 수수께끼 관련 도서 추천 목록과 함께 이 책의 마지막에 수록되어 있다(286쪽을 참조).

> ▶ 초능력자 : 당신은 주차장에서 당신을 향해 걸어오고 있는 여자를 보았습니다. 그러고 나서 당신은 줄지어 서 있는 자동차들 중 어느

것이 그녀의 차인지 바로 알아맞혔습니다. 어떻게 알았을까요?

◐ 탈옥 : 한 남자가 아주 치밀하게 탈옥 계획을 세웠습니다. 그런데 깜깜한 한밤중 대신 늦은 아침에 탈옥하기로 결심했습니다. 왜 그랬을까요?

◐ 죽음의 그림 : 한 여자가 방에 들어가 새로운 그림을 발견했습니다. 그러고 나서 누군가가 그 방에서 살해당했다는 사실을 바로 알아차렸습니다. 어떻게 알았을까요?

* 출처 : 슬로언Sloane과 맥헤일MacHale의 저서 〈놀라운 수평적 사고 퍼즐 Super Lateral Thinking Puzzles〉

위와 같은 수수께끼 문제로 연습한 후에는 현재 사업상의 문제를 수수께끼로 만들어 보자. 예를 들어, 제한된 예산으로 새로운 형태의 칫솔을 출시하는 것이 지금의 문제점이라고 해보자. 예를 들어, 이런 수수께끼를 만들 수 있을 것이다. "어떤 남자가 백만 명의 사람들 입에 특이한 물체를 넣을 수 있는 방법을 찾았다. 그는 어떻게 했을까?" 사람들에게 질문을 던져 새로운 시각으로 문제점을 바라보게 하고, 가능한 한 많은 답변을 내놓도록 해보자. 이성적이고 논리적인 답변뿐만 아니라 엉뚱하고 재미있는 것도 좋다.

08 | 따뜻하고 감성적인 단어를 사용하라

중요한 프로젝트를 수주하는 것이 목표라고 치자. 일반적으로 그 상황에서 리더들은 팀원들에게 이렇게 말한다. "이번 건은 꼭 따내야 합니다. 무슨 수를 동원해서라도 우리가 수주해야 합니다." 이것은 팀원들에게 명령을 내리는 동시에 심리적 압박을 가하는 것과 같다.

하지만 이렇게 말할 수도 있다. "우리 모두 이번 프로젝트를 꼭 따내길 바라고 있습니다. 성공할 수 있는 모든 방법을 찾아봅시다." 여기에는 하고 싶은 말이 전부 포함되어 있을 뿐만 아니라, 긍정적이고 창의적인 접근을 독려하는 의미가 내포되어 있다.

올바른 단어 선택은 매우 중요하다. 커뮤니케이션 과정에서 리더가 사용하는 말은 곧 팀원들의 태도와 행동을 결정짓는다. 하지만 자칫하면 지나치게 남성적이고 과격하며, 공격적인 말투를 사용하기 쉽다. 대체적으로 임원들이 자주 사용하는 말은 다음과 같다.

> "매출 목표를 반드시 달성해야 합니다."

- "목표에 집중해야 합니다."
- "경쟁사를 무찔러야 합니다."
- "더 열심히 일해야 합니다."
- "더 자주 고객들을 방문해야 합니다."

일상적으로 임원들이 자주 사용하는 말에는 모두 "그렇지 못하면 ~하겠다." 하는 식의 위협이 내포되어 있다. 마치 부모와 자녀 사이의 대화처럼 리더가 부하직원들에게 지시를 내리고 훈계하는 형태가 되는 것이다. 하지만 말투와 단어 사용의 작은 변화가 상대방에게 엄청난 변화를 가져올 수 있다는 것을 명심하라. 예를 들면, 다음과 같은 식으로 표현을 바꿀 수 있다.

- "매출 목표를 달성하면 좋겠습니다."
- "목표를 달성하기 위해 함께 열심히 일합시다."
- "어떻게 하면 고객을 만족시키고, 경쟁자들과 차별화할 수 있을까요?"
- "어떻게 하면 더 효과적으로 업무를 처리할 수 있는지 이야기해 봅시다."
- "올바른 목표 고객을 더 자주 방문하여 업무 시간의 활용도를 최대한으로 높이면 좋겠습니다."

'2부 문제를 분석하라'에서 소개했던 '문제를 다시 정의하라'에 나온 브레인스토밍 사례를 기억하는가? 한 제조 공장의 임원들이 현장 팀원들에게 "어떻게 하면 생산성을 높일 수 있겠습니까?"라고 물었을 때 결과는 실망스러웠다. 하지만 질문을 "어떻게 하면 여러

분의 일을 더 쉽게 만들 수 있겠습니까?"로 바꾸자 생산성 개선 아이디어가 쏟아져 나왔다.

따뜻하고 긍정적이며 감성적인 단어를 골라라. 지시를 내리는 대신 아이디어와 의견을 구하는 질문을 던져라. 그렇게 하면 팀원들로부터 긍정적이고 창의적인 태도를 이끌어낼 수 있다.

09 | 제 살 깎아먹기가 혁신을 앞당긴다

　자사의 신상품이 기존 상품의 매출에 악영향을 미치는 현상인 '제 살 깎아먹기'를 겁내면 성공 잠재력이 높은 수많은 아이디어를 놓치게 된다. 하지만 우리 스스로 제품을 더 좋고 저렴하고 빠르며, 효과적이고 매력적인 제품으로 갈아치우지 않으면 경쟁자들이 그렇게 할 것이라는 데는 의심의 여지가 없다.

　1950년대에는 미국의 라디오 제조 회사가 전 세계 라디오 시장을 석권했다. 그들은 트랜지스터 기술에 대해 알고 있었지만 자사의 고품질, 고가치 진공관식 라디오의 입지를 굳이 흔들고 싶지 않았다. 그들은 트랜지스터 라디오가 싸구려에 출력이 낮아 삑삑거리며 품질이 나쁘다고 우습게 본 것이다. 일본의 라디오 제조 회사들은 미국 기업들이 트랜지스터의 가치를 알아보지 못하는 틈을 타 성능이 월등한 트랜지스터 라디오를 개발했고, 결국에는 라디오 시장 전체를 휩쓸면서 기존 업체들을 밀어내 버렸다.

　하지만 오늘날은 상황이 다르다. 제너럴 일렉트릭 General Electric (GE) 사는 미국 뉴욕의 니스카유나 Niskayuna에 위치한 글로벌 연구소에 여러 분야에 걸친 연구팀을 꾸렸다. 그들의 목표는 스스로 빛이 나는 플라스틱과 같은 유기 다이오드(OLED) 기술을 이용해 신종 전기 램프를 개발하는 것이었다. 도대체 왜 이런 연구를 시작한 것일까? 그들의 전략은 창조적 파괴(Creative Destruction)의 일환이라고 보면 된다. 이것은 GE의 상징적 존재이면서도 당시 고전을 면치 못하던 조명 사업을 구하기 위해 피할 수 없는 일이었다. 생활용품 사업에서 GE는 저가를 내세우는 경쟁 업체에 시장을 잠식당하고 있었다. CEO인 제프리 이멜트Jeffrey Immelt는 상품과 가격의 점진적 개선을 통해 경쟁하는 것보다 따라잡기 힘든 제품을 개발함으로써 수익을 높일 수 있는 혁신을 밀어붙였던 것이다(〈패스트 컴퍼니〉 2004년 8월호).

GE가 조명 사업에서 '제 살 깎아먹기'를 한다면 다른 기업도 그렇게 할 수 있다. 현재 자사의 주력 상품이나 서비스 분야에서 새로우면서 더 저렴하고, 더 매력적인 버전을 만들어 보자. 신기술이나 새로운 시장 진입 방법을 찾아서 다양하게 실험해 보자. 무엇보다도 스스로 자사의 주력 상품과 경쟁하면서 위협하고, 심지어 시장에서 퇴출시킬 수 있어야 한다는 태도가 조직 전체에 스며들게 하자. 당신의 경쟁사에서 그렇게 하기 전에 말이다.

10 | 혁신은 믿음의 결과물이다

이노베이티브 리더는 자신의 팀원을 믿는다. 팀원들이 자신의 아이디어를 적극적으로 시도하도록 허용하고, 솔선하여 일을 주도하도록 권한을 부여한다.

일일이 간섭하는 리더는 사람들을 믿지 않는다. 그들은 세세한 점까지 팀원들을 관리하면서 어떤 일을 해야 하는지 말해준다. 심지어 다른 의견을 말하지 못하게 한다. 기존의 방식을 무너뜨릴 혁신 아이디어나 자신의 지시에 의문을 품는 행위도 반기지 않는다. 그들은 실패를 두려워하여 위험 부담을 떠안지 않으려고 한다. 그들은 매우 정치적이고, 다른 부서와 아이디어를 공유하지도 않는다. 그리고 신뢰 대신 상명하복의 관리 스타일을 고수한다.

어떻게 하면 팀원들 사이에 신뢰를 쌓을 수 있을까? 가장 먼저 솔직한 대화로 시작하라. 팀원들이 업무에서 원하는 점이 무엇인지, 어느 정도의 자유와 개입이 적당하다고 생각하는지 물어라. 목표 할당 대신 목표에 관해, 그리고 수단 대신 결과에 관해 의논하라. 늘 팀원들을 돕고 지지할 준비가 돼있다는 사실을 보여줘라. 팀원들과 늘 함께 하고 싶어 한다는 것을 강조하라. 적절한 범위 내에서는 리더의 허락을 받지 않고 스스로 조치를 취할 수 있게 재량권을 부여하라. 리더로서 실행하겠다고 이야기한 것은 항상 실천에 옮겨라. 또한 리더로서 정직한 태도를 유지하고, 모든 팀원들을 공정하게 대하라. 신중하게 행동하라. 자신의 실패를 인정하고, 팀원들을 실망시켰다면 솔직하게 사과하라. 결과가 실패로 이어지더라도 최선을 다해 노력하고 솔선하는 팀원들을 칭찬하라.

리더와 팀원 간의 신뢰를 구축하는 데는 오랜 시간이 걸리지만, 그러한 신뢰가 무너지는 것은 쉽다. 그렇다고 너무 실망할 필요는 없다. 희망을 가져도 좋을 만한 이유가 있다. 왜냐하면 대부분의 사람들은 서로 신뢰하는 관계를 유지하고 싶어 한다는 것이다. 당신이 리더로서 마음을 열고 노력한다면, 팀원들도 신뢰를 쌓을 기회를 기꺼이 내어 줄 것이다.

11 | 권한을 부여하라

권한 부여는 신뢰에서 생겨난다. 그리고 개인의 역량은 서로의 믿음을 기반으로 점점 커진다.

젊은 나이에 전자공학 박사 학위를 취득한 테드 호프Ted Hoff가 1968년 캘리포니아에 있는 신생 기업에 들어갔다. 그가 바로 인텔Intel이라는 신생 기업의 열두 번째 팀원이었다. 어느 날 일본의 전자 계산기 제조 회사 비지컴Busicomp에서 새로 개발한 계산기에 들어갈 전자 회로 디자인 프로젝트를 의뢰했다. 테드 호프가 이 일을 맡았는데, 그는 계산기 회로 디자인을 해 본 경험이 없었다. 비지컴에서 요구한 것은 계산기에 내장된 열두 가지 기능을 구현해 주는 각각의 전자 회로였다. 호프는 이것이 쓸데없이 복잡하다고 생각했고, 상사에게 다른 방법을 시도해도 되느냐고 물었다. 하나의 전자 회로로 열두 가지 기능을 구현할 수 있는지 실험해 보고 싶었던 것이다. 상사는 그의 제안에 동의했다. 고객이 원한 것과는 달랐지만 흥미로운 아이디어가 분명했고, 실험이 실패하더라도 상사인 자신이 호프를 대신해 책임지면 된다고 생각했기 때문이다. 호프의 상상력과 상사의 신뢰 덕분에 인텔은 전 세계에서 가장 성공적인 기업으로 성장하는 데 원동력이 된 혁신 프로젝트를 손에 넣을 수 있었다.

1979년에 댄 브리클린Dan Bricklin이 디지털 이큅먼트 코퍼레이션 Digital Equipment Corporation(DEC)에서 근무하고 있을 때의 일이다. 어느 날 그는 수치를 계산하고 관리해 주는 컴퓨터 프로그램에 대한 아이디어가 떠올라 상사를 찾아갔다. 하지만 그의 상사는 맡은 업무의 목표를 달성하는 것에 집중할 것을 요구하면서 그 아이디어를 거부했다. 결국 브리클린은 '스프레드시트'라고 이름 붙인 자신의 아이디어를 상품으로 개발하기 위해 DEC를 그만두었다. 그는 자신의 회사 비지코프Visicorp Inc를 설립한 후, 세계 최초의 스프레드시트 프로그램인 비지캘크Visicalc를 출시했다. 결과적으로 DEC는 세계 최초의 스프레드시트를 놓친 셈이다.

당신은 어떤 리더인가? 테드 호프의 상사처럼 부하직원의 혁신적인 아이디어를 지지하고, 부하직원이 그것을 실행에 옮기도록 허락하는 리더인가? 아니면 댄 브리클린의 상사처럼 업무 목표에만 집착해서 목표 달성에 방해가 되는 혁신 아이디어를 시도조차 하지 않는 리더인가?

버진 그룹의 리처드 브랜슨 회장은 직원들에게 권한을 부여하는 혁신적인 리더로 명성이 높다. 한 번은 그가 회의 중 버진 그룹에서 추진하기에 적합한 사업 아이디어가 있는지를 물었다. 당시 항공사 승무원이었던 앨리사 페치Alisa Petchey가 조심스럽게 한 가지 아이디어를 내놓았다. 그녀는 결혼을 앞두고 있었는데, 바쁜 일정 때문에 결혼 준비에 필요한 시간을 내지 못해 어려움을 겪고 있었다. 그녀는 예비 신부를 위한 고품격의 결혼 준비 서비스 사업을 제안했다. 그 아이디어가 상세한 시장조사를 거쳐 충분한 사업성이 확인되자, 브랜슨은 버진 브라이드 Virgin Bride를 설립했다. 그런 다음 아이디어를 제안한 앨리사 페치에게 버진 브라이드의 관리 이사 직책을 맡겼다. 브랜슨의 이러한 결정이 버진 그룹에 근무하는 다른 직원들에게 어떤 메시지를 전달했겠는가? 리처드 브랜슨은 늘 직원들과 그들의 아이디어를 믿고 지지한다. 브랜슨의 이러한 행동이 바로 진정한 권한 부여임에 틀림없다.

6부

개인의 창의성을 자극하라

The
INNOVATION
MANUAL

01 | 통념을 뛰어넘어라

우리는 여러 가지 일을 당연하게 여기며 살아간다. 만약 그러한 통념이 없다면 살기 힘들 것이다. 택시 기사는 지리에 밝으며 운전을 잘 할 것이라 여긴다. 음식점의 요리사는 해로운 음식을 만들지 않을 것이라 여긴다. 의사를 전문가라 생각하여 그들에게 우리 몸을 맡긴다. 하지만 기업 경영에서 모든 가정이나 통념은 위험할 수 있다. 일반적으로 리더들이 당연하게 여기는 생각들을 예시하면 다음과 같다.

- ❯ 경쟁 때문에 가격을 올릴 수 없다.
- ❯ 고객에게 직접 판매하면 유통을 맡은 협력사들의 불만이 높아질 것이다.
- ❯ 나이 많은 사람은 행동이 느리고 융통성이 없어서 우리 팀에 적응하지 못할 것이다.
- ❯ 고객은 언제나 최고의 서비스를 기대한다.
- ❯ 이전에 시도했다가 실패한 것은 다시 시도하지 않아야 한다.
- ❯ 예산이 배정되어 있지 않은 일은 할 수 없다.

신생 기업이 혜성처럼 등장해 기존 업계의 선도 기업들이 만들어 놓은 통념을 깨고 성공한 사례가 많다.

◈ 바디샵을 설립한 애니타 로딕은 화장품이 비싼 병에 담겨야 한다는 통념을 깨고 값싼 플라스틱 병에 담아 출시했다.

◈ 이케아IKEA는 고객이 직접 창고에서 원하는 가구를 선택해 가져오게 함으로써, 고객은 창고에 들어가서는 안 된다는 통념을 깼다.

◈ 저가 항공사인 사우스 웨스턴South-Western, 이지제트Easyjet, 라이언 항공Ryanair은 티켓을 발급한 후 여행사를 통해 좌석을 판매한다는 통념을 깼다. 고객은 무조건 최고의 서비스를 원한다는 생각에 과감히 도전장을 던진 것이다.

◈ 애플Apple은 PC를 만들 때 기능이 중요할 뿐 디자인적인 면을 고려할 필요가 없다는 통념을 깼다.

◈ 인터넷 서점 아마존은 고객이 책을 사기 전에 서점에서 미리 읽어 보기를 좋아한다는 기존의 관념을 깼다.

이노베이티브 리더는 조직 내의 모든 사람들이 통념에 도전장을 던져야 한다는 사실을 잘 알고 있다. 따라서 리더는 사람들이 순응하려는 한도나 제약은 우리 스스로가 정해 놓은 것이라는 사실을 사람들에게 알려야 한다. 이때 이 책에 소개된 다양한 방법이나 기법을 활용할 수 있다. 예를 들어, 리더는 다음과 같은 방법을 사용할 수 있다.

◈ 통념 때문에 스스로를 구속한 기업이 자유로운 사고방식으로 덤벼든 신생 기업에 밀린 이야기를 들려준다.

◈ 규칙을 깨고 '만약 이렇다면……'이라고 생각해 볼 수 있는 브레인스토밍 회의 시간을 갖는다.

◈ 진부한 사고방식에 도전하는 사람들을 칭찬한다.

◈ 수단이 아닌 결과를 목표로 정한다. 목표 지점까지 도달하는 길은 팀원 스스로 찾게 한다.

◈ 틀에 박힌 조직 내부의 사고방식을 깨기 위해 외부 강사나 컨설턴트를 초빙한다.

◈ 똑똑하고 대담한 최고의 지원자들을 선발해 요직을 채운다.

◈ 팀원들에게 늘 질문을 던지고, 팀원들에게도 그렇게 하라고 권한다.

02 | 비판하지 말고 질문하라

아이들은 끊임없이 질문하며, 늘 호기심을 가지고 주변의 일들을 관찰한다. 하지만 슬프게도 성장하면서 우리는 그러한 호기심을 잃어버린다. 세상을 있는 그대로 받아들이면서 주변 상황에 자신을 맡기는 것이다.

회사에 막 입사했던 신입사원 시절을 돌이켜보라. 기초적인 의문점이 많았을 것이다. 왜 이 일을 할까? 이 일의 목적은 무엇일까? 왜 다른 방법으로 하지 않을까? 그 밖에도 수많은 의문들이 떠올랐을 것이다. 하지만 시간이 조금 지나면 더 이상 의문을 품지 않는다. 남들에게 무시당할까 걱정되기도 하고, 의문점에 대한 답을 이미 알고 있다고 자신을 합리화시키기 때문이다.

질문할 때 사용할 수 있는 유익한 기법에는 여러 가지가 있고, 그 가운데 대표적인 것이 앞에 소개했던 '피쉬본 챠트'와 '왜, 왜?(70쪽 참조)', 그리고 '육하원칙(73쪽 참조)'이다. 이러한 기법들을 사용하면 다양한 상황에 대해 여러 가지 질문을 할 수 있게 된다.

두 사람이 번갈아가며 질문만 하는(대답은 하지 않고) 게임을 해본 적이 있는가? 업무에 관한 대화를 나눌 때, 이 원칙을 사용해 보라. 말하고자 하는 모든 것을 질문의 형태로 만들고, 긍정적인 질문으로 질문에 대답하라. 일반적으로 대화에서 주도권은 질문하는 사람에게 있고, 답변하는 사람은 상대방을 따라갈 뿐이다. 질문을 하면 답변에서 새로운 것을 배울 수 있지만, 사실을 진술하는 것만으로는 아무것도 얻을 수 없다.

일터에서 창의력을 발휘하는 데 가장 큰 장애물 중의 하나가 다른 사람의 아이디어에서 문제점을 찾으려 하는 태도다. 누군가 엉뚱하고 희한한 아이디어를 내놓으면, 우리는 그것의 문제점을 꼬집고 그 사람의 논리를 무너뜨림으로써 우리가 얼마나 똑똑한지 증명하려고 한다. 이미 언급했던 것처럼 트레버 베이리스는 시계태엽 라디오를 만든 영국의 발명가다. 그가 아이디어를 내놓자마자 사람들은 어떻게 해서든 결함을 찾아내기 위해 헐뜯기 시작했다.

라디오는 전자 제품이니 건전지가 들어 있거나 전원이 연결되어야 하는 것 아닌가? 왜 라디오에 커다란 기계 장치를 붙여야 하는가? 그것은 마치 한 단계 퇴보하는 것 아닌가? 누가 그걸 사용하겠는가? 실용성이 없는 것 아닌가? 다른 최신 제품과 어떻게 경쟁하겠는가? 비판은 끝이 없었다. 하지만 다행히 베이리스는 자신의 아이디어를 포기하지 않았고, 결국 시계태엽 라디오는 빛을 보게 되었다. 이 제품은 건전지를 구매할 형편이 못 되거나 이따금씩 태엽을 감아주는 것에 불편함을 느끼지 않는 나라에서 거대한 시장을 발견했다.

다음번에 누군가가 아이디어를 제안하면 문제점이 보이더라도 곧

바로 비판하지 말고 이렇게 질문해 보라. "흥미로운 이야기군요. 어떻게 작동하죠?" 이런 식으로 시작한 다음 아이디어에 대해 계속해서 질문을 던져라. 문제점을 먼저 지적하는 것보다 질문을 통해 아이디어를 확대시켜 보자. 아이디어에 대해 이야기를 나누다 보면 별의별 가능성이 다 떠오를 것이다. 이것이 바로 질문의 힘이다.

이노베이티브 리더는 지칠 줄 모르는 호기심으로 가득 차 있다. 그들은 일하는 데는 언제나 더 나은 방법이 있다는 것을 알고 있고, 그 방법을 찾기 위해 노력한다. 또한 그들은 탐구적인 질문을 던지면서 다른 사람들도 그렇게 하도록 독려한다.

03

낡은 좌우명 뒤에 숨어서
변화를 피하지 마라

조금 더 자유롭고 진취적인 사고방식을 갖고 싶다면, 실제 행동에서도 더욱 대담해져야 한다. 틀에 박힌 일상에서 의도적으로 벗어나라. 평상시에는 하지 않는 새로운 일을 시도해 보라. 이전에 결코 해보지 않았던 일을 해보라. 두려움을 느끼는 일을 해보라. 대부분의 사람들은 자신의 굴레 안에서 행동한다. 여기에 틀에 박힌 행동 방식에서 벗어날 수 있는 몇 가지 아이디어를 제시한다.

- 살사 댄스를 배운다.
- 새로운 스포츠를 배운다.
- 한 달 동안 매일 새로운 길을 이용해 출근한다.
- 뜨개질을 시작한다.
- 평소에 접해 보지 못했던 특별한 취미 잡지를 읽어본다.
- 노래방에 가면 부르지 않았던 노래를 부른다.
- 전시회를 보러 간다.
- 꽃꽂이를 배운다.

- 외국어를 배운다.
- 아마추어 극단에 들어가 작은 역할을 맡는다.
- 자선 단체에서 봉사 활동을 한다.
- 교도소를 방문해 수감자를 만나본다.
- 매일 새로운 사람에게 이야기를 건넨다. 그들의 말을 경청한다.

이러한 행동 방식은 업무에도 적용될 수 있다. 우리는 일반적으로 다음과 같은 낡은 좌우명 뒤에 숨어서 변화를 피하려는 경향이 있다.

- 주력 업종에 집중하라.
- 강점에 초점을 맞춰라.
- 모든 사람의 입맛에 맞추려 애쓰지 마라.

이러한 마인드는 현실에 안주하는 기업이 즐겨 쓰는 변명이다. 새로운 시도를 해야만 새로운 경험과 기술을 얻을 수 있다. 같은 일만 반복하다 보면 얻는 것이 거의 없다.

노키아Nokia는 원래 핀란드의 작은 목재 펄프 회사였다. 하지만 다각화를 거듭하며 다양한 사업을 시도했다. 한때는 고무장화를 만들기도 했다. 그랬던 기업이 이제는 세계에서 손꼽히는 휴대전화 제조회사가 되었다.

버진 그룹은 초기에 레코드 회사로 출발했지만, 설립자 리처드 브랜슨은 수없이 많은 다각화를 시도했다. 그리고 대부분의 시도가 실패로 돌아갔다. 하지만 지금은 철도 운송, 항공 운송, 출판, 음료 등 다양한 분야에서 굳건한 위치를 차지하고 있다.

　개인이 안락한 현실에서 벗어나는 데 큰 노력이 필요하다면, 문화를 바꾸기 어려운 거대 조직은 엄청난 노력과 자극이 필요하다. 기존의 핵심 역량 분야가 아닌 다른 분야에서 새로운 사업을 시도하려면 용기와 결단력이 있어야 한다. 루 거스너가 IBM을 개혁한 것이 대표적인 사례다. 거스너는 IBM이 사명을 잊은 채 엉뚱한 방향으로 움직여 쇠락하는 것을 막기 위해 CEO로 투입되었다. 그는 몰락해 가는 회사의 문화를 개혁하는 한편, 지나치게 컴퓨터 제품에만 의존하는 태도를 바꾸기 위해 의도적으로 혁신적인 조치를 취했다. 그 결과 IBM은 컴퓨터 서비스 분야에서 새로운 리더로 자리 잡을 수 있었다.

04

극단적으로 단순화시켜라

업무 절차나 서비스를 혁신하고 싶다면 단순화를 시도해 보라. 일단 단계별로 절차를 나눠 본다. 그런 다음 각 단계 옆에 필수를 의미하는 'E Essential' 혹은 선택 가능을 의미하는 'NE Non-essential'를 적는다. 반드시 필수적인 것들만 'E'로 표시해야 한다. 그리고 필수적인 단계를 'NE'로 표시하는 우를 범해서도 안 된다. 이번에는 'E'라고 표시된 것만 모아 다시 리스트를 만든다. 그런 다음 리스트를 보면서 이렇게 질문하라. '이 단계를 실행할 수 있는 다른 방법이 있는가?' 그리고 'NE'로 표시된 선택 가능한 단계를 보면서 이렇게 질문하라. '이 중에서 완전히 없애거나 다른 것으로 대체할 것은 있는가?'

예를 들어, 부동산을 판다고 가정했을 때의 절차를 생각해 보자. 필수적인 단계(E)와 선택 가능한 단계(NE)를 다음과 같이 표시할 수 있을 것이다.

▶ 부동산 중개인에게 주택 가치 평가 받기　NE

❯ 긴급한 하자 수리하기	NE
❯ 중개인 고르기	NE
❯ 판매 가격 결정하기	NE
❯ 부동산 내놓기	NE
❯ 생활 정보지에 광고 게재하기	NE
❯ 집안 정리하고 잡동사니 치우기	NE
❯ 집과 정원 깔끔하게 유지하기	NE
❯ 집 보러 온 사람들에게 집안 구경시키기	NE
❯ 구매자 찾기	E
❯ 최고 가격으로 협상하기	NE
❯ 계약서 교환하기	E
❯ 의견 충돌이나 각종 문제 처리하기	NE
❯ 매매계약 완료하기	E

반드시 빠뜨리지 말아야 할 사항만 모아보면 의외로 많지 않다. 구매자 찾기와 계약서 교환하기, 매매계약 완료하기가 전부다. 그러면 다른 단계를 거치지 않고 이것들을 끝마칠 수 있는 직접적인 방법이 있는지 알아보자. 어떻게 하면 목표에 이르는 가장 짧고 직접적인 길을 찾아 절차를 단순화할 수 있을까? 중개인에게 의뢰할 것인가, 아니면 지인이나 인터넷을 통해 구매자를 직접 찾을 것인가? 그런 다음 각각의 단계를 검토하면서 필요성이나 실행 방식을 다시 한 번 분석해 본다. 전통적인 방식, 즉 사람들이 대부분 이용하는 절차가 유일한 방법이라고 생각하기 쉽다. 하지만 요즘에는 경매나 인

터넷 직거래 등을 통해 중개인을 거치지 않고 매매하는 사람들이 많다는 사실을 명심하라. 그들은 어떤 방식으로든 구매자를 찾아서 계약서를 교환한 후 매매 절차를 완료한다. 바꾸어 말하면 필수적인 사항은 모두 완수하되 의도한 결과를 얻기 위해서 최대한 빠른 길을 이용한다는 뜻이다.

전 세계 주요 항공사들은 고객 서비스에 대해 복잡하지만, 적절하게 확립된 절차가 있다. 예를 들면, 다음과 같은 단계를 거치게 된다.

- 여행사를 통해 티켓을 판매한다.
- 탑승권을 발부한다.
- 좌석을 배치한다.
- 탑승객을 체크인한다.
- 탑승객들에게 음료를 무료로 제공한다.

미국의 사우스 웨스턴South-Western 항공이나 유럽의 이지제트Easyjet, 라이언 항공Ryanair 같은 저가 항공사들은 기존의 고객 서비스 절차에서 놀라운 혁신을 발견했다. 그들은 기존의 단계에서 탑승객 체크인을 제외한 모든 단계를 없앨 수 있다는 것을 알아냈다. 그리고 이 역시 수화물만 소지하고 탑승하는 고객에게는 필요 없는 것이었다. 저가 항공사들은 여행사를 통하지 않고 인터넷을 통해 직접 판매만 실시했다. 또한 좌석을 지정해 주지 않는 것은 물론, 음료를 무료로 제공하지도 않았다. 그들은 전체 구조를 단순화하여 단가를 획기적으로 낮춤으로써 저가 항공 여행이라는 신규 시장을 개척했다.

절대적으로 필수적인 것에만 집중하라. 그리고 그것을 이루기 위한 극단적으로 단순한 방법을 생각하라.

05 | 다른 관점에서 사물을 바라보라

캐런 브레디 Karen Brady는 스물셋의 나이에 버밍엄 시티 축구팀의 관리 이사가 되었다. 그녀는 10년 만에 이 팀을 오랜 침체의 늪에서 구해내 높은 수익을 올리는 프리미어 리그 팀으로 탈바꿈시켰다. 그녀가 성공할 수 있었던 비결은 기존에 축구팀을 이끌던 남자들과 다른 관점으로 접근했기 때문이었다. 그녀는 축구팀을 바라보는 기존의 고정관념을 바꾸었다. 즉 프로축구팀이란 경기를 통해 수입을 극대화시켜야 하는 이벤트 회사라고 생각했던 것이다. 그녀는 새로운 마케팅 기법을 도입해 관중석을 가득 채웠고, 팬들에게 단체보험과 같은 상품을 판매하기도 했다.

비타민 C를 발견한 헝가리의 과학자 알베르트 센트 괴르기 Albert Szent Gyorgy는 이렇게 말했다. "천재란 모든 사람들이 보는 것을 보면서 아무도 생각하지 못한 것을 생각하는 사람이다." 만약 어떤 상황을 색다른 관점에서 바라본다면 새로운 식견을 얻을 확률이 높아진다.

어떻게 하면 다른 관점을 가질 수 있을까? 우리는 하나의 관점에서 사물을 바라보고 판단하는 데 너무 익숙해져 있기 때문에, 억지로 다른 관점을 취하는 것은 결코 쉬운 일이 아니다. 그러므로 자신의 시선은 잠시 접어두고 마치 다른 사람이 된 것처럼 생각해 보자. 고객이나 제작자, 공급자, 어린이, 심지어는 외계인부터 미치광이, 코미디언, 독재자, 테러리스트, 건축가, 화가인 살바도르 달리, 레오나르도 다빈치 등 다양한 사람의 입장에 서보자.

영국의 린제이 오웬 존스Lindsay Owen-Jones는 CEO로서 프랑스 그룹인 로레알L'Oreal에 새로운 관점을 적용하여 놀라운 성장을 이룩했다. 언젠가 그는 유니레버Unilever와 프록터 앤드 갬블의 화장품 사업 진출에 대해 위협을 느끼느냐는 질문을 받았다. 이때 그는 로레알이 빠르게 움직이는 소비재 기업과는 다른 관점을 가지고 있다면서 이렇게 말했다.

"이 산업에서 가격 전쟁이나 할인 쿠폰은 큰 의미가 없습니다. 소비자는 효능을 보고 제품을 선택합니다. 사용하기 즐거운지, 매력적이고 독창적이며 아름다운지, 그리고 자신이 이 순간 원하는 것인지가 고객에게 가장 중요합니다."

위대한 혁신가들은 전통적인 관점으로 주변을 바라보지도, 기존의 아이디어를 개선하려 들지도 않는다. 그들은 완전히 색다른 관점으로 세상을 바꾼다. 피카소는 새로운 시선으로 그림을 그렸고, 아인슈타인은 물리학의 새로운 접근법을 생각해 냈으며, 다윈은 다른 관점으로 인류 창조의 비밀을 연구했다. 그들 모두 새로운 방식으로 세상을 바라본 것이다. 이와 비슷한 방식으로 제프 베조스는 도서 유통 산업을 다른 관점에서 바라보며 아마존을 설립했고, 스텔리오스Stelios는 이지제트로 항공 여행의 새 지평을 열었다. 또한 스와치는 시계에 대한 우리의 생각을 바꿨으며, 이케아는 가구 구매 방식을 바꾸어 놓았다. 어떤 문제에 완전히 새로운 시각으로 다가간다면 혁신할 수 있는 무한한 가능성을 얻게 될 것이다.

06 | 숨겨진 혁신 엔진은
감정 에너지다

MBA 과정을 공부하는 학생들은 논리적이고 과학적인 방식으로 경영에 접근하도록 배운다. 그들은 상황을 분석하고 재무 모델을 개발하며, 경영상의 의사 결정을 비판적으로 점검하고 서로 다른 시나리오를 논리적으로 판단한다. 하지만 그들이 학문의 성지를 벗어나 사회에 첫발을 디디면 기업 경영이 논리성보다는 감정에 의해 좌우된다는 사실을 발견하고 놀라게 된다. 대부분의 조직을 앞으로 나아가게 하는 것은 냉정하고 지적인 분석이 아니다. 성공하는 사람과 조직 뒤에 숨겨진 진정한 엔진은 감정적 에너지인 경우가 많다.

물론 분석적이고 지적이며, 논리적인 것도 큰 도움이 된다. 하지만 리처드 브랜슨, 빌 게이츠, 스티브 잡스Steve Jobs 같은 경영자들을 위대한 리더로 만든 것은 뛰어난 지능보다 열정과 헌신이라는 사실을 알아야 한다.

영국에서 가장 부유한 사람 중 한 명으로 손꼽히는 펠릭스 데니스Felix Dennis는 출판업계에서 큰돈을 벌었다. 그는 1974년 월간지 〈쿵후Kung Fu Monthly〉를 통해 성공의 맛을 보기 시작했고, 1980년대에는 다양한 컴퓨터 잡지를 창간해 엄청난 성공을 거두었다. 이제 그의 출판 왕국은 IT, 자동차, 도박, 남성 잡지로까지 확장되었다. 가장 최근의 혁신으로는 다양한 매체에서 매주 가장 좋은 기사를 모아 요약 정리한 잡지 〈더 위크The Week〉가 있다. 자신의 저서 〈부자가 되는 법How to get rich〉에서 그는 자신이 전통적인 사고방식이나 임원들, 변호사, 회계사들의 조언을 과감하게 무시한 사례들에 대해 말하면서, 그는 자신의 직감을 믿는다고 했다.

디즈니의 콘셉트 디자이너 루크 메이랜드Luc Mayrand는 이렇게 말했다. "당신의 논리가 뛰어난 아이디어를 믿지 못하게 한다면, 그 논리를 먼저 따져본 후 그 다음 아이디어에 의문을 품어라. 우리는 엔터테인먼트 사업을 하고 있다. 논리는 이야기나 디자인의 영향력만큼 중요하지 않다."

저명인사들이 논리와 분석에만 치중하다가 혁신적인 아이디어를 놓치고, 훗날 그것이 다른 사람의 손에서 큰 성공을 거둔 사례는 무수히 많다. 미국의 웨스턴 유니언Western Union은 사람들의 대화 욕구를 예측하지 못하는 바람에 전화 사업에 실패하고 말았다. IBM은 발명가 체스터 칼슨Chester Carlson의 제안을 거절하는 바람에 복사기 사업을 놓쳤다. 데카 레코드Decca Records는 비틀즈의 음악성을 거부하는 바람에 거대한 수익을 놓쳤다. 비슷한 사례는 이밖에도 많다.

논리와 분석은 혁신적인 아이디어에서 문제점을 찾아낼 수 있는 유용한 도구다. 하지만 사용할 때는 항상 조심하라. 아이디어가 뛰어난 것이라는 직감이 든다면, 좀 더 시간을 두고 천천히 진행해 보는 것도 좋다.

07 | 다른 일을 하면서 생각하라

개인이 뛰어난 아이디어를 만들어낼 수 있는 가장 좋은 방법은 아마도 곰곰이 오랫동안 생각해 보는 일일 것이다. 일부러 아이디어를 내려 애쓰지 말고 아래 네 가지 단계를 따라해 보자.

- ◈ 문제의 정의를 내린다. 방법은 앞에서 자세히 설명했다.
- ◈ 잠시 문제를 덮어두고 다른 일을 한다.
- ◈ 아이디어 한두 가지 정도가 떠오를 때까지 조금 기다린다.
- ◈ 떠오른 아이디어를 좀 더 구체화하여 살펴본다.

이 과정에서 가장 중요한 부분은 바로 두 번째 단계, 즉 시간을 두고 문제를 묵혀 두는 단계다. 이때 다른 일을 하더라도, 머릿속에서는 무의식이 작용해서 문제를 곰씹어 보는 과정이다. 결국 어떤 생각이든 떠오를 것이다. 영국의 사회학자 제임스 웹 영 James Webb Young은 이 과정을 다음과 같이 표현했다.

"가장 먼저 생각에 필요한 원재료를 모은다. 그 다음 수집한 재료를 되새김질하는 과정을 거친다. 전체 문제를 내려놓고 잠시 완전히 잊어버린다. 그러고 나면 어느 순간 홀연히 아이디어가 떠오른다."

수많은 위대한 사상가들이 이 기법을 이용했다. 무의식의 힘을 자유롭게 풀어놓자. 그것으로부터 비롯된 결과를 보고 깜짝 놀라게 될 것이다.

이 기법은 개인과 조직 모두 사용할 수 있다. 미국의 한 기업 CEO가 자사 임원들을 데리고 런던을 방문했다. CEO는 그들이 맞닥뜨리고 있는 핵심 문제를 설명한 후 런던 시내 곳곳을 자유롭게 걸어 다니게 했고, 마지막 코스로 대영박물관을 방문하도록 했다. CEO와 임원들은 오후 늦게 다시 모여 어떤 영감이 떠올랐는지에 대해 서로 이야기를 나눴다. 주변 환경의 변화와 다양한 자극 덕분에 그들은 신선한 생각으로 수많은 아이디어를 떠올릴 수 있었다.

08 | 최초의 아이디어를
선택하지 마라

고압적 관리자는 결단력 있는 사람으로 보이고 싶어 하고, 문제 해결이 필요할 때 신속하게 아이디어가 나오는 것을 좋아한다. 아무것도 하지 않는 것보다 무슨 일이든 하는 것이 더 나아 보이지 않는가? 하지만 신속하게 내놓는 최초의 아이디어는 가장 좋은 해결책이 될 확률이 낮다는 것을 명심하라.

시간이 조금 걸리더라도 아이디어를 모아 리스트를 만든 다음, 평가 과정을 거쳐 한두 가지를 고르는 것이 더 낫다. 일반적으로 처음에 나온 아이디어는 가장 명백하고 단순한 아이디어인 경우가 많으며, 그것이 최선의 해결책인 경우는 거의 없다. 하지만 문제에 대해 심사숙고하면서 최대한 다양한 해결책을 끌어내려 애쓴다면, 비교적 단순하지 않고 틀에 박혀 있지 않으며 참신한 선택을 할 수 있다. 즉 창의적이고 획기적이며, 더 나은 결과가 나온다는 얘기다.

인류가 최초로 날고자 했을 때, 가장 명백한 해결책은 새가 나는 동작을 모방해 커다란 날개를 만들어 이용하는 방법이었다. 여러 차례 그 방법이 시도되었지만, 번번이 실패로 돌아갔다. 하지만 사람들은 그 방법을 포기하지 않았다. 라이트 형제가 비행에 성공한 해에도 미국 의회는 항공기 비행 실험 지원을 중단하는 법안을 통과시켰다. 그것은 누가 봐도 명백한 자원 낭비였기 때문이다. 하지만 앞으로 나아갈 때 생기는 양력揚力을 이용하는 비행기 날개가 새의 펄럭이는 날개보다 더 현명한 선택이라는 사실이 입증되었다.

신속하게 해답을 내놓기 위해 자신도 모르게 서두르고 있다면, 잠시 생각을 멈추어 보자. 다른 사람의 의견을 구하면 어떨까? 간단하게 브레인스토밍 회의를 열거나 혼자 잠시 그 문제를 곰곰이 생각해 보는 것은 어떨까? 한 가지 방법에 집착하지 않고 여러 가지 접근법을 생각해 볼 수 있는가? 물론 즉각적인 반응이 필요한 문제도 있지만, 그렇지 않은 문제가 훨씬 많다. 그런 문제는 여유를 가지고 심사숙고해서 접근하는 방법이 훨씬 더 잘 통한다.

당신의 첫 번째 아이디어가 정말 뛰어난 것일 수도 있다. 하지만 열 번째, 스무 번째, 혹은 마흔 번째 아이디어가 더 나은 결과를 가져올 확률이 높다는 사실을 잊지 말자.

문제점마다 마인드맵을
만들어라

브레인스토밍 회의나 아이디어 생산은 여러 명이 하는 것이라고 생각하기 쉽다. 물론 수많은 아이디어가 회의에서 생산되지만, 개인의 창의적인 생각에서 나오는 것이 더 많다.

우리가 이 책에서 살펴본 원칙 중 대부분은 개인적으로도 적용이 가능하다. 다음과 같은 것들을 실생활에 적용시켜 보자.

▶ 개인적으로 혁신 목표를 정한다.

▶ 여유를 가지고 진지하게 생각할 시간을 정해 둔다.

▶ 개인적인 통념이나 사고를 제한하는 생각을 버린다.

▶ 정신적 자극을 줄 수 있도록 새롭고 다양한 경험을 해본다.

▶ 다양한 사람들과 어울리며 아이디어와 의견을 구한다.

▶ 끊임없이 질문하고 경청하고 배운다.

▶ 도전에 따른 위험과 개인적 실패에 대해 긍정적인 자세를 갖는다.

심각한 문제가 생기면 그 상황과 전혀 무관한 누군가와 상의해 보는 것도 좋다. 그들의 질문이나 엉뚱한 제안이 훌륭한 아이디어를 이끌어낼 수 있기 때문이다. 백짓장도 맞들면 낫다고 하지 않는가. 하지만 가까이에서 문제를 접하는 사람들은 너무 몰입한 나머지 사고가 제한될 수 있기 때문에 비슷비슷한 아이디어를 내놓는 경우가 많다. 이럴 때는 외부인에게 도움을 청해 보자.

당면한 문제에 대해 유명 인사들이라면 어떤 방식으로 처리할 것인지 자문해 보는 것도 좋은 방법이다. 예를 들어, 애플의 스티브 잡스라면 어떻게 할까? 가수 밥 겔도프 Bob Geldof라면? 리처드 브랜슨이나 살바도르 달리, 마거릿 대처, 마돈나, 혹은 셜록 홈즈라면 어떻게 해결할까? 각각의 인물들이 시도했을 법한 극단적인 접근법을 생각해 보면 획기적인 아이디어가 몇 가지 떠오를 것이다.

그리고 개인의 창의력을 높일 수 있는 중요한 비결이 하나 더 있다. 항상 아이디어 수첩을 가지고 다녀라. 흥미로운 것을 보거나 좋은 생각이 떠오르면 그 자리에서 바로 적어 둔다. 좋은 아이디어는 문득 떠올랐다가 순식간에 사라진다. 그것은 마치 나비 같아서 한 순간 아름답고 호기심을 자극하지만, 다음 순간 훌쩍 날아가 버리고 만다. 그러한 생각을 아이디어 수첩에 담아 두어야 한다는 것을 명심하라. 각 페이지 상단에 문제점을 적어 둔다. 그 아래는 문제점과 관련된 질문이나 개념을 적는 식으로 마인드맵을 그려라. 떠오르는 생각을 아무렇게나 적을 수 있는 페이지도 따로 정해 둔다.

10 | 문화를 전도하라

기업의 임원이나 경영자들이 혁신에 관해 원대한 계획을 갖는 것은 매우 바람직한 일이다. 하지만 우리가 조직 내 중간이나 그보다 아래 위치에 있다면 어떨까? 어떻게 해야 변화를 주도할 수 있을까? 당신은 혁신을 주도할 힘이 없다고 느끼는가? 사실 그런 기분이 들 때가 종종 있을 것이다. 기업의 방향을 바꾸는 일은 최고위 관리자에게도 매우 힘든 일인데, 한낱 팀원이 그렇게 할 수 있는 가능성이 얼마나 되겠는가?

중간 관리자와 말단 팀원도 회사가 혁신을 추진하는 데 큰 몫을 할 수 있다. 물론 쉬운 일은 아니다. 회사가 반드시 붙잡아야 할 기회를 당신이 발견했다고 치자. 그럴 경우에 당신은 그 아이디어를 지지하는 압력 단체를 형성해야 한다. 조직 관리의 대가 게리 하멜은 그의 저서에서 이러한 일을 해낸 사람들의 예를 들었다.

1994년, 존 패트릭 John Patrick과 데이비드 그로스먼 David Grossman은 삐걱거리고 있던 거대 기업 IBM에 활력을 불어넣음으로써, 회사를 인터넷 환경이라는 기회에 민첩하게 반응하는 기업으로 만들기로 결심했다. 본래 메인프레임Mainframe 컴퓨터와 기업 시스템에 큰 부분을 투자하고 있던 IBM은 인터넷이 세상에 거대한 혁명을 일으킬 것이라는 사실을 예상하지 못했다. 그런 면에서 IBM은 혼자가 아니었다. 심지어 마이크로소프트 역시 처음에는 인터넷의 중요성을 간과했으니까 말이다.

패트릭과 그로스먼은 인터넷이야말로 회사가 놓쳐선 안 될 중요한 기회라고 판단했고, 혁신을 위한 내부 쿠데타 계획을 세웠다. 그들은 열정적인 행동주의자들을 모아 그룹을 조직하여 '성명'을 발표하는 동시에 팀원들에게 이메일을 보냈다. 인터넷이 가져다 줄 기회에 대해 임원들에게 시범을 보이며 설명하기도 했다. 그들은 위험을 감수하고 규칙을 깼으며, 자신의 권한을 넘어서는 일을 해낸 것이다. 결국 그들의 이러한 노력은 주목을 받게 되었고, 기업이라는 거대한 배의 기수를 돌렸다. 이로 인해 IBM은 전자상거래와 인터넷 서비스 분야를 주도하는 기업이 되었다.

만약 당신이 특정한 혁신을 일으키기 위해 주변의 동료와 최고위 관리자들에게 영향력을 행사하고 싶다면, 다음과 같은 방법을 이용할 수 있다.

◗ 비슷한 생각을 가진 사람들과 함께 그룹을 만든다.
◗ 최고위 관리자들을 대상으로 혁신의 당위성을 설득한다.
◗ 가능한 한 빠른 시간 내에 리더들 중에서 지지자를 구한다.
◗ 주장을 뒷받침할 자료와 정보, 외부 증거를 수집한다.
◗ 작게 시작한다. 고객의 호응을 얻은 샘플이나 시제품처럼 작은 성공부

터 쌓는다.

◉ 위험을 감수하고 기존의 규칙을 깰 준비를 한다.

이러한 일들을 추진하다 보면 조직 내에서 문제아로 낙인찍힐 수 있고, 그것이 자신의 경력에 흠이 될 수도 있다. 하지만 그러한 경우라면, 그 직장에서 계속 근무하고 싶겠는가? 물론 당신의 주장이 훌륭하다면 인정받을 확률 또한 높다. 긍정적인 반응을 얻었을 때 당신 스스로도 놀라게 될 것이다. 그리고 주도력과 통찰력, 조직을 변화시킬 열정을 지닌 사람은 회사에서 환영받는다는 사실을 깨닫게 될 것이다. 건설적인 반항아야말로 모든 사업에 필요한 존재라는 사실을 리더들은 잘 알고 있으니까 말이다.

11 | 혁신의 최대 장애물은 시간이다

대부분의 사람들이 너무 바쁘다는 이유로 창의적인 행동을 할 시간을 내지 못한다. 이미 많은 일을 하고 있고, 개인적인 삶에도 복잡한 일이 많기 때문이다. 그래서 새로운 것을 시도하고 싶은 의욕이 거의 없다. 만약 이것이 이 책을 읽고 있는 당신의 문제점이기도 하다면, 작가 일레인 세인트 제임스Elaine St James가 제시한 몇 가지 조언을 참고하라.

- ❯ 참석을 망설이게 되는 모임이 있다면 과감히 탈퇴하라.
- ❯ 조금 적은 정보를 가지고 사는 법을 배워라. 텔레비전 뉴스도 시청하지 말고, 정기적으로 구독하는 잡지가 여럿이라면 반으로 줄여라.
- ❯ 거주하는 지역에서 일하거나 일하는 지역에서 살아라.
- ❯ 주중 하루는 오후 9시에 잠자리에 들어라.
- ❯ 수입의 절반만 사용하고, 나머지 반은 저축하라.
- ❯ '이것이 과연 내 삶을 단순하게 만들어 줄까?' 라고 끊임없이 자문하라.

여기에 다음과 같은 몇 가지를 덧붙일 수 있겠다.

◉ 정기적으로 하고 일 중에서 불필요한 일을 선별해서 '중단' 리스트를 만들어라.

◉ 우울한 기사로 가득한 신문을 읽지 마라. 부정적이고 냉소적인 사람들과 대화하지 마라.

◉ 은행 계좌 수와 체크카드, 신용카드, 보험, 그 밖의 투자 등을 줄여 재정적으로 단순화를 꾀하라. 통합 정리하고 시간을 절약하라.

◉ 가능하다면 다른 사람에게 일을 나눠 주어라.

파레토의 법칙 Pareto Principle 에 따르면, 우리의 행동에서 비롯하는 가치 중 80%는 오직 20%의 행위에서 나온다고 한다. 우리가 행하는 일 중 80%는 가치가 매우 낮다는 뜻이다. 가치가 적은 행위는 제거해버리자.

우리의 삶을 덜 복잡하게 만들면 중요한 일에 사용할 시간을 확보할 수 있다. 지금 당신의 창고나 공부방을 한 번 들여다보라. 연중 거의 한 번도 사용하지 않는 물건들로 가득 차 있지는 않은가? 혹시 당신의 인생도 이와 비슷한 상태는 아닌가? 창고의 쓰레기나 공부방에 읽지도 않은 채 쌓여 있는 서류 더미를 버릴 수 있다면, 인생에서 불필요하게 시간을 낭비하는 일에도 비슷한 방식으로 접근할 수 있을 것이다.

12

불필요한 접속은 잠시
끊어버리자

현대인은 언제 어디서든 누군가와 연결되어 있다. 휴대전화, 이메일, PDA 같은 도구들 때문에 우리는 영원히 '접속' 되어 있는 상태다. 하지만 이러한 접속들 중에 상당 부분은 불필요한 것들이다. 그것은 우리가 중요한 사람이고 누군가와 연결되어 있다고 느끼게 할 뿐, 자유롭게 생각할 수 있는 시간을 빼앗는다는 결정적인 단점이 있다.

채권 투자 전문가 빌 그로스 Bill Gross는 투자 회사인 핌코 Pimco에서 투자 담당 최고 임원으로 근무하면서 미화 2천억 달러에 달하는 자산을 책임지고 있다. 그는 언젠가 인터뷰에서 이렇게 말했다.

"나는 휴대폰도, PDA도 없어요. 내 신조는 남과 연결을 끊는 것이죠. 하루 일과 중 가장 중요한 때는 거래소에서 보내는 시간이 아니에요. 매일 오전 8시 30분, 나는 자리에서 일어나 길 건너 헬스클럽으로 가요. 8시 30분부터 10시까지 약 한 시간 반 동안 요가와 운동을 하죠. 45분간 자전거를 타고 요가를 시작해 10분에서 15분 정도 지나면 갑자기 중요한 전구에 불이 환하게 들어오는 것 같은 기분이 들어요. 나는 그 한 시간 반이 하루 중 가장 소중한 시간이라고 생각해요."

〔〈포춘〉, 2006년 3월 20일자, '성공의 비밀Secrets of success' 중에서〕

한 작가는 인터넷 연결이 끊어진 일주일 동안 그 어느 때보다 생산성이 높았다고 이야기했다. 그는 보통 때 한 달 걸려 쓰던 것보다 더 많은 양을 한 주에 쓸 수 있었다고 한다.

우리 모두 중요한 문제에 대해 조용히 생각할 시간이 필요하다. 늘 누군가와 커뮤니케이션을 하고 있다면, 자신에게 진지한 생각을 해 볼 기회를 주지 않는 것과 같다. 일상적으로 혼자 조용한 시간을 갖고, 중요한 일들에 대해 생각해 보자. 지금 즉시 불필요한 접속을 끊자.

13 | 마인드맵을 이용하라

개인의 창의력을 높이는 데 마인드맵이 효과적이라고 여기는 사람들이 많다. 마인드맵은 메모를 하거나 문제를 분석하는 일부터 단순히 아이디어를 기록하는 일 외에도 다양한 목적으로 이용할 수 있다.

마인드맵 개념의 창시자인 영국의 심리학 전문 작가 부잔^{Tony} Buzan은 자신의 저서에서 창의력을 높이는 마인드맵 과정을 다음과 같이 소개하고 있다(〈Make the Most of your Mind〉, 1977).

종이 한 가운데에 창의적인 아이디어가 필요한 주제를 그림으로 그린다. 다음에는 가지가 뻗어 나가듯 생각나는 대로 빠르게 연관된 단어를 중앙에서부터 적는다. 머리에 떠오르는 즉시 적합한 아이디어끼리 연결한다. 가능하면 한 줄에 한 단어만 적는다. 연상 작용으로 수많은 다른 단어가 떠오를 수 있고, 구절이나 문장으로 가두어 두는 것보다 따로 분리해 놓으면 더 많은 아이디어나 이미지를 끌어낼 수 있기 때문이다. 중앙과 가까운 가지에 적힌 이미지나 단어가 보통 기초적인 아이디어가 된다. 그리고 2차 아이디어나 다른 아이디어에 의존한 것들은 그림의 가장자리에 치우치게 된다. 맨 끝으로 가면 아이디어나 이미지가 중복되어 나타나는 것을 발견할 것이다. 이렇게 여러 곳에 나타나는 아이디어나 이미지가 바로 자신이 진정으로 염려하는 문제의 기저에 깔린 개념일 경우가 많다.

참고로 부잔의 웹사이트 'www.buzanworld.com' 에 실린 마인드맵의 예를 그림으로 소개한다.

14 | 이노베이티브 리더는 행운을 만드는 사람

행운을 만들라니, 이상한 말처럼 들릴지도 모르겠다. 하지만 여기에는 분명 의미가 있다. 심리학자 리처드 와이즈먼Richard Wiseman 박사는 어떤 이들은 운이 좋은 반면 어떤 이들은 그렇지 못한 이유에 대해 연구했다. 그는 자신의 저서에서 운이 좋은 사람들에게는 행운을 만드는 네 가지 주요 특징이 있다고 설명했다.

- 그들은 기회를 만들고, 기회가 다가오면 그것을 알아보며, 그에 따라 행동한다.
- 그들은 논리뿐만 아니라 직감을 이용해서 훌륭한 의사 결정을 한다.
- 그들은 미래에 대해 낙관적인 기대를 품는다.
- 그들은 불행이 닥치더라도 슬퍼하지 않으며, 오히려 그것을 행운으로 바꿀 방법을 찾는다.

태도와 습성, 행동을 바꾸면 당신도 불행을 행운으로 바꿀 수 있다. 이것은 자기 계발서를 탐독하는 독자들에게는 이미 익숙한 개념이다. 하지만 이것을 '창의'와 '혁신'이라는 관점에서 다시 반복할 필요가 있다. 창의란 한계를 무너뜨려 확장하고, 자신의 편안한 현실에서 벗어나는 행위다. 혁신에는 과감한 실험과 위험 감수가 따른다. 그리고 두 가지 모두 혁신으로 나아가는 길에 실패가 따를 수 있다는 공통점이 있다.

대부분의 사람들이 자신의 실패에 대해 운이 따르지 않았기 때문이라고 변명한다. 상당한 시간과 노력을 투자했을 때는 특히 그렇다. 긍정적인 시각을 지닌 사람은 장애물이란 목표를 향해 가는 과정의 일부이며, 한 걸음 후퇴하더라도 거기에서 얻는 교훈이 있다는 사실을 잘 알고 있다. 그들은 뒤로 물러서면서도 무언가를 배우고 새로운 기회를 모색한다. 그들은 언제나 낙관적이고 새로운 아이디어를 잘 받아들인다. 그들은 다른 사람들이 포기하는 상황에서도 기회를 발견한다. 그들은 자신의 행운을 직접 만드는 사람들이다. 우리 모두 자신만의 행운을 만들어 보자.

에필로그

이노베이티브 리더는 사업의 변화에 대한 비전을 가지고 혁신에 대비한 문화를 발전시키며, 그것에 필요한 절차를 수립하는 사람이다. 비전이란 한 조직이 무엇을 위해 존재하며, 목표로 하는 바가 무엇인지를 표현하는 일종의 선언과 같다. 비전은 명확하고 의욕적인 목표로써 구성원들에게 영감을 주는 동시에 누구나 신뢰할 수 있어야 한다. 목표가 확립되면 혁신을 향한 전략과 목표를 이끌어 내고 과업의 성과 측정 지표를 정해야 한다.

리더는 조직 내에 열린 커뮤니케이션 문화, 거리낌 없이 질문을 던지고 남의 말을 경청하는 문화를 확산시킨다. 실패나 미지의 것에 대한 두려움 따위는 실험과 도전을 장려하는 분위기로 극복한다. 이러한 리더는 적극적으로 시도하는 사람이 성공하지 못하더라도 비난하지 않으며, 누구든지 자신의 업무에 새로운 방법을 시도하도록 믿고 권한을 부여해 준다. 또한 위험에 대해서는 늘 긍정적인 태도를 보인다.

명확한 비전을 제시하고 서로를 격려하는 문화야말로 혁신적인 조직에 필수적이지만 그것이 전부는 아니다. 거기에 덧붙여 공정하고 올바른 절차가 필요하다. 이것은 아이디어의 생산과 평가, 선정, 그리고 실행 단계로 나뉘며, 그 목적은 혁신 프로젝트의 연료를 채우고 그 흐름을 관리하는 것이다. 보통 그러한 절차의 시작은 팀원 아이디어 제안 프로그램이다. 아이디어는 내부에서 외부에 이르기까지 다양한 곳에서 나온다. 가장 적합한 아이디어를 선정한 후 실행에 옮기는 일은 신속하게 진행되어야 한다. 최종적으로 실행에 옮겨지기까지 아이디어는 여러 관문을 통과하는데, 평가 방법이 부적절하거나 진행이 과도하게 지연되어서는 안 된다. 수많은 아이디어가 생산되고, 그 중 다수가 평가를 통해 시제품으로 제작되는 것이야말로 리더에게 가장 기쁜 일이다. 리더는 언제나 새로운 아이디어를 신속하게 시험하지만, 성공이 어렵다고 판단되는 아이디어는 이미 투입한 자원이 있더라도 과감히 중단할 수 있어야 한다. 모든 단계에는 프로젝트가 건전하게 진행되고 있는지 확인할 수 있는 지표가 정해져 있어야 한다. 주요 지표로는 각 단계에 이르는 아이디어 수와 한 아이디어를 실행에 옮기는 데 걸리는 시간 등이 있다.

이노베이티브 리더는 분석적인 동시에 창의적이다. 그들은 혁신 절차에 크게 이바지하지만, 혁신을 성공적으로 이끄는 것은 자신의 능력이 아니라 팀원의 창의력이라는 사실을 잘 알고 있다. 그들은 성공적인 결과의 공적을 자신에게 돌리지 않으며, 다른 사람의 아이디어나 주도적인 행동을 공정하게 평가하고 보상할 줄도 안다.

또한 이노베이티브 리더는 팀원들이 놀라운 성과를 내고, 남들이 기대하는 바를 뛰어넘도록 다양한 방법으로 영감을 불러일으킨다. 그들은 뛰어난 팀을 만들어 유지하며, 팀원들의 사기를 북돋아 변화를 이겨낸다. 혁신을 도구로 삼아 세상을 바꾸는 사람들, 그들이 바로 이노베이티브 리더다.

참고 문헌

• Ackoff, R L, Magidson, J and Addison, H J (2006) *Idealized Design*, Wharton School Publishing, University of Pennsylvania

• Allan, D, Kingdon, M, Murrin, K and Rudkin, D (1999) *What if!*, Capstone Publishing, Oxford

• Boston Consultancy Group (2006) *Measuring Innovation*, www.bcg.com

• Buzan, T (1977) *Make the Most of your Mind*, Pan, London

• Christensen, C (2003) *The Innovator's Dilemma*(성공 기업의 딜레마), Harper Collins, New York

• Collins, J (2001) *Good to Great*(좋은 기업을 넘어 위대한 기업으로), Random House, London

• de Bono, E (2000) *Six Thinking Hats*(생각이 솔솔 여섯 색깔 모자), Penguin, Harmondsworth

• Dennis, F (2006) *How to Get Rich*(부자 본능: 내 안의 리치 파워를 발견하는 법), Ebury Press, London

• Drucker, P (1993) *Innovation and Entrepreneurship*(미래 사회를 이끌어 가는 기업가 정신), Butterworth Heinemann, Oxford

• Gerstner, L (2003) *Who says Elephants Can't Dance?*(코끼리를 춤추게 하라), Harper-Collins, London

- Hamel, G (2002) *Leading the Revolution(꿀벌과 게릴라)*, Harvard Business School Press, Cambridge, Mass.
- Kelley, T (2002) *The Art of Innovation, Harper Collins Business*, London
- National Audit Office (2006) *Achieving Innovation in Central Government Organizations*, July 2006, London
- Sloane, P (2003) *The Leader's Guide to Lateral Thinking Skill, Kogan Page*, London
- Sloane, P (2003) *How to Generate Ideas*, www.destination-innovation.com
- Tucker, R (2002) *Driving Growth through Innovation*, Barrett-Koehler, California
- Wiseman R (2004) *The Luck Factor(행운의 법칙)*, Arrow, London
- Wolff, J (2001) *Do Something Different*, Virgin Books, London

수수께끼 정답

• 초능력자

그 여자는 주전자를 들고 있다. 서리가 내린 아침이고, 주차된 차 중 단 한 대만 앞 유리에 서리가 끼어 있지 않았다. 이로써 그녀가 뜨거운 물로 자동차 앞 유리에 낀 서리를 제거하고 주전자를 돌려주러 가는 길이라는 사실을 추리해냈다.

• 탈옥

그 남자는 30분 정도면 간수들이 탈옥을 눈치 챌 것이라는 사실을 알고 있었다. 그래서 탈옥 시점을 화요일 오전 10시 30분으로 정했다. 왜냐하면 매주 경비 사이렌을 시험하는 시간으로부터 30분 전이기 때문에, 사이렌이 울려도 사람들이 주의를 기울이지 않을 것이기 때문이다.

• 죽음의 그림

그녀는 방으로 들어가 바닥에 사람의 몸 형체를 흰 분필로 그려 놓은 그림을 보았다. 그곳은 최근에 살인 사건이 일어난 장소였고, 그 그림은 시신의 자세를 표시해 놓은 것이었다.

* 이 수수께끼는 슬로언Sloane과 맥헤일MacHale의 2000년 저서 〈놀라운 수평적 사고 퍼즐Super Lateral Thinking Puzzles〉에서 발췌한 것이다. 그 밖에 추천할 수 있는 관련 도서는 다음과 같다.

- Sloane, P (1991) *Lateral Thinking Puzzlers*
- Sloane, P and MacHale, D (1993) *Challenging Lateral Thinking Puzzles*
- Sloane, P and MacHale, D (1994) *Great Lateral Thinking*
- Puzzles Sloane, P and MacHale, D (2006) *Cunning Lateral Thinking Puzzles*